教育部教育技术与资源发展中心2024年虚拟仿真实验室案例项目
（学校项目编号：SXFTD202402）
四川省教育厅2023年一流课程（SYLKC202316）
宜宾学院2024年校级规划教材立项建设项目（JC202406）

大数据人力资源管理

虚拟仿真综合实验教材

主　编　李自荣　郝丽哲　曾品红

副主编　郑腾腾　雷　鸿　卢轶遐

四川大学出版社
SICHUAN UNIVERSITY PRESS

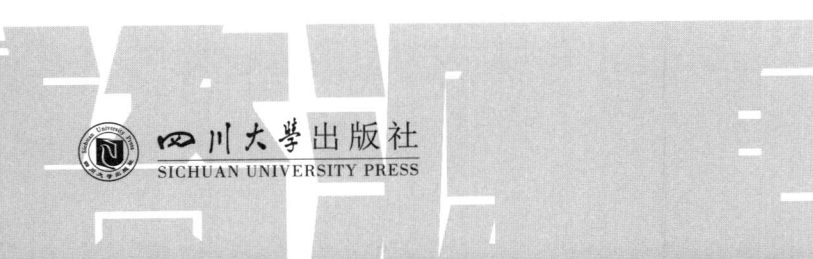

图书在版编目（CIP）数据

大数据人力资源管理虚拟仿真综合实验教材 / 李自荣，郝丽哲，曾品红主编． -- 成都：四川大学出版社，2025． 7． -- ISBN 978-7-5690-8003-2

Ⅰ．F243-39

中国国家版本馆CIP数据核字第20256QR751号

书　　名：	大数据人力资源管理虚拟仿真综合实验教材
	Dashuju Renli Ziyuan Guanli Xuni Fangzhen Zonghe Shiyan Jiaocai
主　　编：	李自荣　郝丽哲　曾品红

选题策划：蒋　玙
责任编辑：蒋　玙
责任校对：胡晓燕
装帧设计：墨创文化
责任印制：李金兰

出版发行：四川大学出版社有限责任公司
　　　　　地址：成都市一环路南一段24号（610065）
　　　　　电话：（028）85408311（发行部）、85400276（总编室）
　　　　　电子邮箱：scupress@vip.163.com
　　　　　网址：https://press.scu.edu.cn
印前制作：四川胜翔数码印务设计有限公司
印刷装订：成都市火炬印务有限公司

成品尺寸：185mm×260mm
印　　张：11.5
字　　数：219千字

版　　次：2025年8月　第1版
印　　次：2025年8月　第1次印刷
定　　价：56.00元

本社图书如有印装质量问题，请联系发行部调换

版权所有 ◆ 侵权必究

扫码获取数字资源

四川大学出版社
微信公众号

前　言

在数字化时代，大数据技术正以前所未有的速度改变着各个领域，人力资源管理也不例外。为了适应新时代对人力资源管理专业人才的需求，我们精心编写了《大数据人力资源管理虚拟仿真综合实验教材》。本教材旨在将传统人力资源管理理论、企业案例与大数据技术深度融合，通过理实结合、虚拟仿真实验的形式，为学生提供一个全面、系统、实践性强的学习体系，帮助学生更好地掌握人力资源管理的精髓和实践技能。

本教材包括人力资源战略与规划、招聘与录用、培训与开发、绩效管理、薪酬管理、劳动关系管理等多个模块，每个模块都精心设计了相应的虚拟仿真实验项目，让学生在理论学习的基础上，通过实践操作加深对知识的理解和掌握；同时，使学生能够在模拟真实工作环境中，运用大数据思维和工具解决实际人力资源管理问题，提前适应未来职场的需求。

本教材具有以下特点：

全面性。内容涵盖人力资源管理从基础理论和实际操作、传统管理和大数据应用等多个方面，可为学生提供一套完整的学习资源。

实践性。虚拟仿真实验部分模拟了真实的企业场景和业务流程，让学生能够在实践中巩固理论知识，提高实际操作能力和解决问题的能力。

前沿性。引入了大数据技术在人力资源管理中的应用，使学生能够接触到最新的行业动态和技术发展趋势，拓宽视野，增强就业竞争力。

易用性。教材结构清晰，语言简洁明了，案例丰富生动，实验步骤详细，便于学生自主学习和教师课堂教学。

本教材的编写团队经验丰富、专业背景深厚。曾品红编写第一、四章，李自荣编写第二、三、五、六章及数字资源第一、二、三章，郝丽哲编写数字资源第四至九章。另外，还要感谢雷鸿（宜宾学院）、郑腾腾（宜宾学院）、卢轶遐（成都理工大学）、张大新（宜宾讯方信息技术服务公司）、侯顺捷（四川三江智谷重点产业人力资源有限公司）、李姣姣（宜宾学院2020级工商管理专业学生）对本次教材编写提供的帮助。

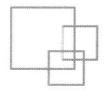 **大数据人力资源管理虚拟仿真综合实验教材**

本教材适合本科院校、职业院校人力资源管理及相关专业的学生使用。我们相信，通过本教材的学习，学生不仅能掌握人力资源管理的专业知识和技能，还能培养创新思维和实践能力，为未来的职业发展打下坚实的基础。

由于时间仓促及编者水平有限，教材中难免存在不足，恳请专家和读者批评指正。

编　者

2025 年 4 月

目 录

第1章 人力资源战略与规划 ··· 1
  1.1 企业战略与人力资源战略 ·· 3
  1.2 人力资源规划 ·· 8
  1.3 人力资源需求预测 ··· 13
  1.4 人力资源供给预测 ··· 19
  1.5 人力资源供需平衡 ··· 28

第2章 招聘与录用 ··· 33
  2.1 招聘概述 ··· 35
  2.2 招聘渠道 ··· 41
  2.3 人员甄选 ··· 47
  2.4 人员录用 ··· 52
  2.5 招聘评估 ··· 54

第3章 培训与开发 ··· 58
  3.1 培训与开发概述 ··· 60
  3.2 培训需求分析 ··· 71
  3.3 培训方法 ··· 74
  3.4 培训评估 ··· 77

第4章 绩效管理 ·· 85
  4.1 绩效管理概述 ··· 86
  4.2 绩效计划 ··· 94
  4.3 绩效实施 ··· 101

4.4　绩效考核 …………………………………………………………… 111
  4.5　绩效反馈 …………………………………………………………… 117

第 5 章　薪酬管理 …………………………………………………………………… 122
  5.1　薪酬管理概述 ……………………………………………………… 123
  5.2　薪酬体系 …………………………………………………………… 129
  5.3　薪酬水平 …………………………………………………………… 135
  5.4　薪酬结构 …………………………………………………………… 137

第 6 章　劳动关系管理 ……………………………………………………………… 139
  6.1　劳动关系概述 ……………………………………………………… 140
  6.2　劳动法概述 ………………………………………………………… 143
  6.3　劳动合同 …………………………………………………………… 152
  6.4　劳动争议与处理 …………………………………………………… 167

大数据人力资源管理案例运用与虚拟仿真 ……………………………………… 176

第 1 章　人力资源战略与规划

【思维导图】

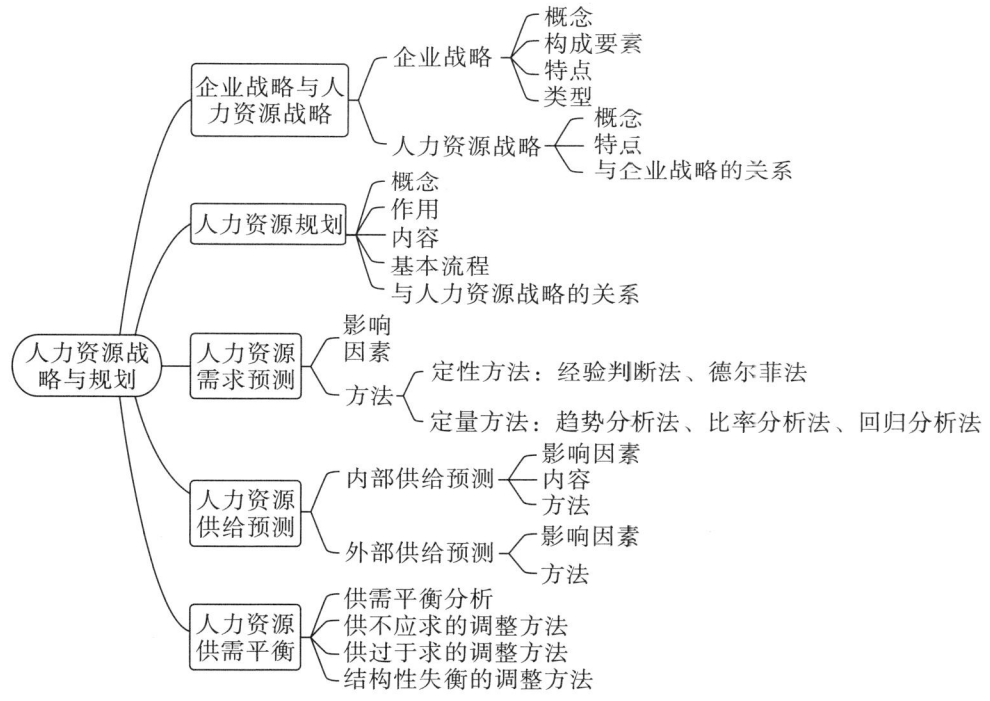

【学习目标】

1. 了解企业战略与人力资源战略的基本概念与二者关系
2. 理解人力资源战略规划的基本内涵与流程
3. 掌握人力资源需求预测的影响因素与方法
4. 掌握人力资源供给预测的影响因素与方法
5. 理解人力资源几种供需不平衡的调整方法

案例引入

某大型工厂在制订人力资源总体规划时,其指导思想是积极为工厂发展服务,最大限度地激励全体职工的积极性、创造性,完成和超额完成企业近期和长期的目标任务。

根据人力资源规划的总指导思想,工厂人力资源管理部门在制定具体人事政策时,内容非常广泛,几乎涉及员工的衣、食、住、行、康、乐等方面,规划方案首先考虑本厂的经济承担能力,人员编制、工资福利、晋升、奖励、招聘、辞退等都必须根据人才需要和供给来决定。人事部门根据生产规模和业务发展,广泛收集人力,补充人员流失,遵循适当增加又防止人浮于事的指导原则,从严控制,在执行过程中,各所需部门还可以根据具体需要增加或减少人员编制。例如,业务开展不顺利的部门,即使总厂在规划时多给编制数,也可以先不要;当厂里部署需要扩大生产规模时,人事部门在做人力资源规划时应根据具体需求进行人员扩编,如对外公开高薪招聘具有专业开发技能、具备专业财务知识和市场分析能力等特殊技能的专门人才。工厂在制定职工管理人事政策时,必须遵守现有的法律规定,并根据法律规定的修改或变动随时修订人事政策。

根据工厂的人事部门主任介绍,员工的工资水平属于同行业工厂的中上等,在其他福利待遇、培训教育和工作环境上也优于同行业,这一点正好适应了当代工人做工不仅讲工资,而且讲发展、讲环境的就业观点。人事部门在制订人力资源规划时,遵循"以人为本、尊重人性"的管理理念,注重通过人性化的管理来提高员工对精神待遇的满意度,如赋予员工控制和管理自己工作自由的权利等;充分授权、委以重任,提高知识型员工的参与感,特别是能根据人才的特长设岗,最大限度地做到人尽其才。因此,该厂高中级技工的平均流动率一直较低。

规划能为企业提供明确的方向和目标,同时有助于预见未来,减少不确定性。有效的人力资源规划可以更有效地利用时间和资源,包括资金、人力、物力和其他关键资源,确保其被用于重要的任务和项目,从而保障企业战略目标的实现。

1.1 企业战略与人力资源战略

1.1.1 企业战略

1.1.1.1 企业战略的概念

关于企业战略的定义,不同的学者提出了不同的理解,由此形成了学术界的理论丛林。如 1962 年钱德勒(Chandler)认为,企业战略可以被定义为企业基本的长期目标,企业通过采取一系列的行动和分配所必需的资源来获得目标的实现。他是有史以来第一次将企业和战略及组织概念联系起来的管理学家。1965 年安德鲁斯(Andrews)认为,企业战略就是用一系列主要的方针、计划来实现企业的目标:企业现在做什么业务,想做什么业务;现在是一个什么样的公司,想成为一个什么样的公司。1980 年奎因(Quine)认为,企业战略是一种计划,用以整合组织的主要目标政策和活动次序。

结合学者们的观点,我们认为企业战略指企业在长期发展过程中,为实现企业愿景和使命,通过分析内部和外部环境,制定的一系列具有指导性、全局性和长远性的决策和行动计划。简单来说,企业战略就是企业为了取得竞争优势和持续发展而制订的总体规划和行动指南,涉及范围涵盖从整体使命和愿景到具体业务决策的全过程。

明茨伯格提出了企业战略的 5P 模型,其包括计划(Plan)、计策(Ploy)、模式(Pattern)、定位(Position)和观念(Perspective),可以帮助我们进一步理解企业战略的内涵。

(1) 计划(Plan)。企业战略是一种有意识、有预计、有组织的行动程序,是解决一个企业如何从现在的状态达到将来位置的问题。企业会用一个成文的战略计划书来表达企业战略。与其他计划相比,战略计划决定全局性、使用时限,通常决定了企业的发展方向,其目的是实现企业的基本目标。

(2) 计策(Ploy)。企业战略不仅仅是行动之前的计划,还可以在特定的环境下成为行动过程中的手段和策略,是一种在竞争博弈中威胁和战胜竞争对手的工具。

(3) 模式(Pattern)。企业战略是企业长期以来在市场竞争中形成的一种行为模式,反映了企业在资源配置、产品开发、市场拓展等方面的一贯做法和特点。

(4)定位(Position)。战略是一个企业确定其在所处环境中的位置并据此正确配置资源,以形成可以持续的竞争优势。企业需要明确自身在市场中的定位,包括产品定位、品牌定位、目标客户定位等,以便更好地满足目标客户的需求,与竞争对手区分开来,从而获得竞争优势。

(5)观念(Perspective)。战略是一个企业的共识精神,是一种集体信念,战略将使命、意图在企业中扩散,让大家形成共同的观念,打造出一种共同的文化和氛围。企业战略决策者在对企业外部环境及企业内部条件进行分析后做出的主观判断就是战略。

1.1.1.2 企业战略的构成要素

(1)经营范围。经营范围指企业从事生产经营活动的领域,包括所处的行业、生产的产品和涉及的市场等,反映企业目前与其外部环境相互作用的程度,也体现企业计划与外部环境发生作用的要求。例如,一家餐饮企业的经营范围可能是中式正餐,主要面向城市中的上班族和家庭消费者,在特定的城市或区域开设门店。

(2)资源配置。资源配置是指企业过去、目前资源和技能配置的水平与模式,包括实物资源、货币资源、人力资源、技术专利、商标信誉等。资源配置的好坏极大地影响企业实现目标的程度,是企业的特殊能力。例如,企业将大量的资金投入研发部门,吸引优秀的科研人才,购置先进的实验设备,以提升产品的技术含量和创新能力。

(3)竞争优势。竞争优势指企业通过其资源配置的模式与经营范围的决策,在市场上所形成的与竞争对手不同的竞争地位。竞争优势既可以来自企业在产品和市场上的地位,也可以来自企业对特殊资源的正确运用。例如,华为公司凭借其研发能力、生态系统和强大的品牌影响力,在智能手机市场形成了显著的竞争优势。

(4)协同作用。协同作用是指企业从资源配置和经营范围的决策中所能寻求的各种共同努力的效果,即要实现各经营单位之间的优势互补,达到 1+1>2 的整体效应。例如,一家大型企业集团内部,不同的子公司之间可以共享销售渠道、生产设备、研发成果等资源,实现协同发展。

1.1.1.3 企业战略的特点

（1）全局性。企业战略不是针对企业某个局部或短期问题的解决方案，而是对企业整体发展的全面规划。它涵盖企业的各个部门、各个业务领域及各个发展阶段，需要综合考虑企业内外的各种资源、能力和环境因素，确保各部门之间的协调与配合，以实现整体利益最大化。

（2）长远性。企业战略通常着眼于未来较长时期的发展，要求企业在制定战略时，不仅关注当前的市场环境和竞争态势，更要预见未来的发展趋势，从而做出具有前瞻性的决策，引导企业在激烈的市场竞争中保持领先地位，实现可持续发展。

（3）指导性。企业战略可为企业的各项经营管理活动提供明确的指导方向。它界定企业的经营方向、远景目标，明确企业的经营方针和行动指南，并筹划实现目标的发展轨迹及指导性的措施、对策，在企业经营管理活动中起着导向的作用。

（4）风险性。在制定和实施战略的过程中，企业需要面对各种潜在的风险，如市场风险、技术风险、人才风险等。这些风险可能对企业的生存和发展造成严重影响，因此必须在战略制定之初就进行充分的评估和防范。

（5）竞争性。企业战略是在激烈的市场竞争中与对手较量的战略设计。面对激烈的市场竞争和不断变化的外部环境，企业战略需要敢于挑战自我，勇于突破传统思维束缚，寻求新的发展路径。这种挑战性精神能够激发企业的创新活力，推动企业在竞争中不断壮大。

1.1.1.4 企业战略的类型

企业战略按层次通常分为公司战略、竞争战略和职能战略。

（1）公司战略。公司战略是企业战略的最高层次，主要关注企业整体的发展方向和范围。它涉及企业的整体发展方向和目标，以及企业的经营理念和核心价值观。

（2）竞争战略。竞争战略也称经营单位战略，着眼于企业整体中的有关事业部或子公司，影响着某一类具体的产品和市场，是局部性的战略决策；战略的参与者主要是具体的事业部或子公司的决策层。

（3）职能战略。职能战略是企业各职能部门（如市场营销、财务、人力资源、研发等）为支持公司战略和竞争战略而制定的战略。职能战略需要考虑行业发展趋势、企业内部环境和资源等因素，制定符合职能实际情况的发展战略。

1.1.2 人力资源战略

1.1.2.1 人力资源战略的概念

人力资源战略是指在企业战略的指导下,通过内部和外部人力资源环境分析等工作制定的人力资源管理指导思想、战略目标,以及实现这个目标所需的战略措施。

(1)从内涵层面分析,人力资源战略侧重于依据企业的长期发展愿景、战略目标及当前所处的内外部环境状况,对人力资源的全方位布局进行系统性规划。它包括人员招聘、调配计划、人才选拔标准、培养路径、激励机制、留存策略等精细维度。例如,一家立志成为全球领先的新能源汽车制造商,其人力资源战略将围绕研发创新、生产制造、市场营销等核心业务环节,精确界定所需人才的专业技能、创新思维能力及跨文化协作素质,从而制定有针对性的人才吸引与开发规划。

(2)从战略层级架构来看,人力资源战略又可细分为不同层次的子战略。公司层面的人力资源战略着眼于企业整体人力规模、结构的宏观把控,确保人力资产配置与企业战略方向高度匹配;业务单元层面的人力资源战略聚焦各业务板块独特的人才需求特性,定制化打造专属人才供应链,如科技研发部门侧重于高端技术人才引进与知识传承体系建设,而销售部门则侧重于销售精英招募与激励驱动机制优化;职能模块层面的人力资源战略针对招聘、培训、绩效、薪酬等具体职能,设计精细化操作流程与策略,保障整个人力资源管理体系高效流畅运转。

1.1.2.2 人力资源战略的特点

(1)全局性。人力资源战略并非局限于人力资源管理的局部环节或短期事务,而是从企业整体发展的宏观视角出发,涵盖各业务板块、所有部门及不同层级人员需求,统筹规划人力资源的获取、配置、开发与留存等事宜,保障人力资源管理活动紧密围绕企业战略目标展开,推动企业整体发展,犹如指挥一场宏大战役的总布局,牵一发而动全身。

(2)前瞻性。人力资源战略基于对企业内外部环境动态变化的敏锐洞察与深入分析,具有显著的前瞻性。需预测未来几年甚至十几年内企业业务拓展方向、技术革新趋势、市场竞争态势等对人力资源数量、质量、结构的影响。

(3) 导向性。作为人力资源管理工作的纲领，人力资源战略为各项具体人力资源活动指明方向。招聘工作依据战略确定重点引进人才的类型与层次；培训与开发体系围绕战略所需技能与知识构建课程体系；绩效考核指标紧扣战略目标，衡量员工对企业战略落地的贡献程度，促使全体员工的行为与努力聚焦于企业既定战略方向，形成强大合力。

(4) 适应性。企业所处的外部环境复杂多变，涵盖经济周期波动、法律法规修订、技术迭代加速、行业竞争格局重塑等，内部组织架构、业务流程、企业文化也不断演进。人力资源战略需具备高度适应性，灵活调整以契合这些变化。

(5) 系统性。人力资源战略内部各要素紧密关联、相互支撑，构成有机系统。数量规划、质量规划、结构规划相辅相成，需求预测、供给预测与规划方案实施环环相扣，并与企业战略、组织架构、文化等外部要素深度融合。

1.1.3　人力资源战略与企业战略的关系

(1) 企业战略决定人力资源战略。企业战略是人力资源战略的指导方向和基础。企业战略的制定需要考虑企业内外部环境的变化，而人力资源战略则是根据企业战略的要求来制定的。人力资源战略需要与企业战略相一致，以实现企业长期目标和战略规划。戴尔在1984年提出，组织战略是组织的人力资源战略的主要决定因素。舒勒在1987年提出，较高层次的组织战略是人力资源战略的决定性因素。企业战略通过对企业结构和工作程序的作用对人力资源战略产生影响。不同的企业战略决定不同的人力资源战略。

(2) 人力资源战略支撑和影响企业战略的实施。人力资源战略是为了支持和实现企业战略而制定的。通过合理的人力资源战略，企业可以有效地配置、开发和管理人力资源，提高员工的绩效和满意度，推动企业的发展和创新。人力资源战略的执行可以帮助企业实现战略目标，增强竞争力。

(3) 人力资源战略与企业战略的关系是一种动态适应和调整的关系。一方面人力资源战略随企业战略变化而调整。当企业战略因市场环境、竞争对手、技术变革等因素发生变化时，人力资源战略必须及时做出相应调整。另一方面人力资源战略的调整促进企业战略的优化。人力资源战略的调整不仅是被动适应企业战略变化，还可以通过对人力资源的合理配置和潜力挖掘，为企业战略的优化提供新的思路和建议。这种动态中的适应、调整、再适应、再调整，可保证企业战略和人力资源战略的生命力。

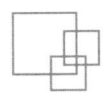

人力资源战略与企业战略紧密相依、协同共进。企业战略描绘出未来发展方向、市场定位及业务拓展蓝图，人力资源战略随之调整，将宏大的企业战略细化为切实可行的人力维度行动方案。当企业战略定位为高速扩张、抢占新兴市场份额时，人力资源战略迅速响应，积极拓宽外部招聘渠道，广泛吸纳行业精英，加速人才储备；同时，加大内部培训投入，促进员工快速成长以适配新业务需求，为企业冲锋陷阵提供坚实的人力保障。

1.2 人力资源规划

1.2.1 人力资源规划的概念

人力资源规划是企业运营管理中的一项基础性、前瞻性工作，是指企业基于自身战略目标，运用科学方法对未来一段时间内人力资源的供需状况展开系统预测，对人力资源的获取、配置、使用等环节进行职能性策划。这一定义蕴含以下几个关键要点：

（1）紧密关联企业战略。企业战略是人力资源规划的指南针，是人力资源规划的基础，无论是市场开拓、产品升级，还是成本控制等战略导向，都会深刻影响人力资源规划的方向与重点。

（2）强调供需预测的科学性。人力资源规划绝非主观臆断，而是依靠严谨的数据分析、专业的预测模型来预估未来人力资源的需求与供给态势。

（3）注重系统性的规划落地。人力资源规划并非一纸空文，而是一整套可执行、可监控、可调整的行动方案集合。

人力资源规划作为企业人力管理的"导航仪"，精准引导着人力资源的流向与配置，助力企业在复杂多变的市场环境中乘风破浪，驶向成功彼岸。

1.2.2 人力资源规划的作用

人力资源规划是人力资源管理中的一个重要组成部分，它涉及对企业未来的人力资源需求和供应进行预测和规划。

（1）支持组织战略。人力资源规划服务于企业战略。在企业战略实施过程中，外部市场环境日新月异，企业内部人员、结构、流程等随之不断发生变化，只有切实考量各方因素，制订可行的人力资源规划，将企业的整体战略目标转化为具体的人力资源管理目标，才能实现企业战略目标。

（2）提升人力资源管理系统。人力资源规划对人力资源管理系统的作用主要体现在前瞻性指导和工作有序性的保障上。制订人力资源规划并非基于现下的状况，而是站在企业发展的角度，通过内外部环境的发展做出预判，深入分析市场趋势、行业走向及企业内部业务动态，对企业未来经营所需要的人力资源做出分析和评估。

（3）有效控制企业成本。人力资源规划可以帮助企业避免不必要的人力资源成本支出，同时获取成本效益平衡。如果没有合理的规划，企业可能会盲目招聘大量员工，导致人员闲置，增加工资、福利等成本开支。通过准确地预测人力资源需求，企业可以只招聘真正需要的人员，减少不必要的人力成本浪费。

（4）促进员工职业发展。人力资源规划可以为员工提供清晰的职业发展路径，激励员工成长。企业可以根据自身的发展战略和人力资源规划，设计不同的职业晋升通道，如管理通道、技术通道等。员工可以根据自己的兴趣和能力，了解其在企业中的职业发展方向。

1.2.3 人力资源规划的内容

人力资源规划按层次分为总体规划和业务规划。

1.2.3.1 人力资源总体规划

人力资源总体规划是企业人力资源规划的重要组成部分，是有关计划期内人力资源开发利用的总目标、总政策、实施步骤及总预算的安排，着眼于企业整体层面，为人力资源管理各项工作提供宏观指导。其主要包括人力资源数量规划、人力资源素质规划和人力资源结构规划。

人力资源数量规划是通过对企业未来业务规模、生产效率等因素的分析，预估所需的员工总数，包括各个部门、各个岗位层级的人员数量。如一家计划新开数家门店的连锁企业，要精确计算出每个新店需要配备的店长、店员、收银员等岗位的数量。人力资源素质规划重点关注员工的质量方面，包括员工的知识、技能、能力、价值观等。

1.2.3.2 人力资源业务规划

人力资源业务规划包括人员补充规划、人员晋升规划、人员培训开发规划、人员配置规划、薪酬激励规划、员工职业生涯规划等。

（1）人员补充规划，指当企业出现职位空缺或为了满足业务扩张需求而补充新人员时，需要制订人员补充规划。比如，一家连锁餐饮企业准备在新的城市开设多家分店，就需要提前规划需要招聘店长、厨师、服务员等岗位人员。补充的渠道可以是外部招聘（校园招聘、社会招聘等），也可以是内部晋升和调动。

（2）人员晋升规划，指明确员工晋升的标准和路线，激励员工的职业发展。例如，在一个大型企业集团中，为管理培训生设计的晋升路径是从基层岗位做起，工作满一年且绩效评估优秀者晋升为初级主管，再经过一定年限的管理经验积累和相关培训课程学习，有机会晋升为部门经理等更高职位。这不仅可为员工提供发展方向，也有助于企业选拔优秀人才担任关键职位。

（3）人员培训开发规划，指根据企业战略和员工发展需求，确定培训的目标、内容、方式等。以一家软件公司为例，为了跟上技术更新的步伐，会定期为程序员提供新技术培训。培训方式包括内部培训师授课、外部专家讲座、在线学习平台课程，以及到先进企业进行实地考察学习等多种方式。

（4）人员配置规划，指合理安排员工在不同岗位之间的分配，以提高人力资源的利用效率。比如，企业可以根据员工的技能特点、工作经验和个人兴趣，将擅长沟通协调的员工安排到市场销售或客户服务岗位，而将具有较强数据分析能力的员工安排到数据分析或财务岗位等。同时，人员配置规划还包括岗位轮换计划，通过让员工在不同岗位工作，拓宽员工的视野和技能，为企业培养复合型人才。

（5）薪酬激励规划，指设计合理的薪酬体系和激励机制，以吸引、保留和激励员工。薪酬体系包括基本工资、奖金、福利等。

（6）员工职业生涯规划，指帮助员工规划个人在企业内的职业发展路径，使员工的个人目标与企业目标相结合。

1.2.4 人力资源规划的基本流程

人力资源规划基本流程包括信息收集与分析、供需预测、制订规划和实施评估反馈，如图 1.1 所示。

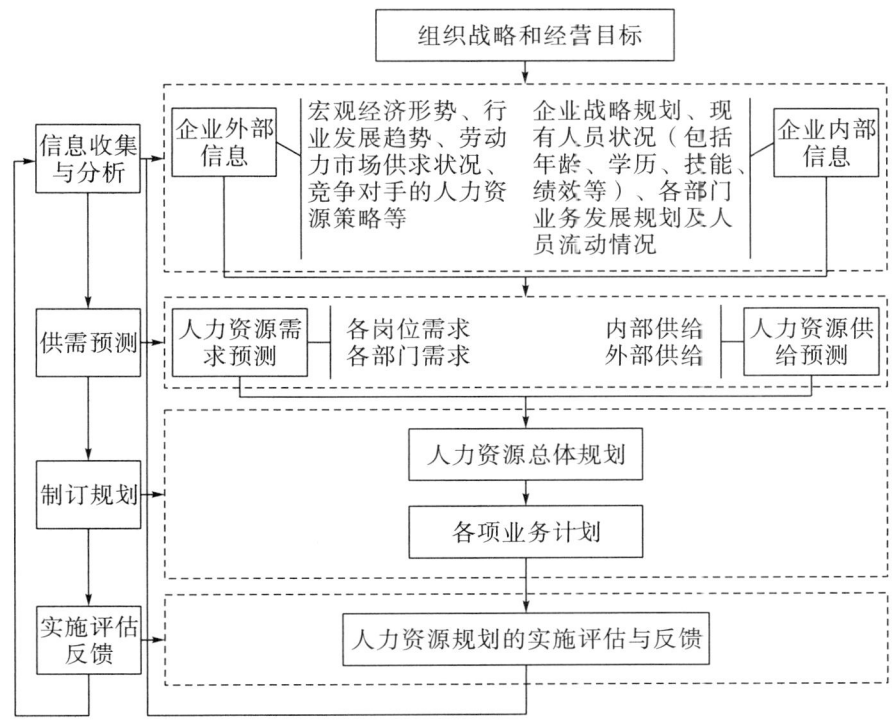

图 1.1　人力资源规划基本流程图

（1）信息收集与分析。全面收集企业内外部信息。内部信息涵盖企业战略规划、现有人员状况（包括年龄、学历、技能、绩效等）、各部门业务发展规划及人员流动情况，外部信息涉及宏观经济形势、行业发展趋势、劳动力市场供求状况、竞争对手的人力资源策略等。例如在经济繁荣期，劳动力市场供不应求，企业招聘难度增大，需提前规划应对策略。

（2）供需预测。供需预测是人力资源规划中较具技术性的关键部分，是在信息收集与分析的基础上，通过一定的方法和模型，对计划期各类人力资源的余缺情况做出预测，即做人力资源需求预测和人力资源供给预测，进而得到"净需求"的数据。人力资源需求预测主要是预估企业在未来某个时期内，为实现企业目标而需要的人力资源数量和质量，包括各类岗位及各级部门的需求。人力资源供给预测分为内部供给预测与外部供给预测。

（3）制订规划。这一阶段根据供需预测结果，制订人力资源总体规划，并根据总体规划制订各项业务规划，以便各部门贯彻执行。这是人力资源规划中比较细致的工作阶段。

(4) 实施评估反馈。这是人力资源规划的最后一个阶段，企业将制订好的规划付诸实践，并根据实施的结果进行人力资源规划评估，及时反馈评估结果，并根据评估结果及时调整和优化规划，确保人力资源规划始终贴合企业发展动态。

1.2.5 人力资源规划与人力资源战略的关系

(1) 人力资源战略是人力资源规划的前提和导向。人力资源战略从宏观上确定了企业人力资源管理的目标、方向和原则等，是一种具有前瞻性、全局性的谋划。人力资源规划则是在人力资源战略的指引下，对企业未来一段时间内人力资源的需求、供给、配置等进行具体的计划和安排，确保人力资源管理工作与企业战略相协调。在人力资源战略的制定过程中，会对企业的内外部环境进行深入分析，明确企业的发展目标和战略重点，这些信息为人力资源规划提供了重要的依据和框架。

(2) 人力资源规划是人力资源战略的延伸和细化，也为人力资源战略的实施提供支持和保障。一方面，人力资源战略通常较为抽象和概括，而人力资源规划则将其进一步细化为具体的行动方案。它根据人力资源战略所确定的目标和方向，结合企业的实际情况，制订出具体的人力资源供需平衡计划、人员配置计划等。另一方面，人力资源规划可以合理地预测企业未来的人力资源需求和供给情况，提前做好人才储备和培养工作，为人力资源战略的实施提供充足的人才支持。同时，人力资源规划还可以根据企业的内外部环境变化，及时调整人力资源管理的策略和措施，确保人力资源战略的顺利实施。

(3) 人力资源规划与人力资源战略相互影响。一方面，人力资源战略的调整会引发人力资源规划的变动。当企业的内外部环境发生重大变化，或者企业的战略目标进行调整时，人力资源战略也需要相应地进行变革。人力资源规划作为人力资源战略的具体实施方案，必须随之进行调整和优化，以适应新的战略要求。否则，人力资源规划将无法有效地支持企业的发展，甚至可能导致人力资源管理的混乱。另一方面，人力资源规划的实施效果反馈会促进人力资源战略的完善。在人力资源规划的实施过程中，会不断产生各种反馈信息，如人员招聘的效果、培训的成效、员工的绩效表现等。这些反馈信息可以帮助企业及时发现人力资源战略中存在的问题和不足，从而对人力资源战略进行调整和完善，使其更加符合企业的实际情况和发展需求。

1.3 人力资源需求预测

人力资源需求预测是企业基于战略目标和工作任务，综合考虑企业内部人力资源现状和外部人力资源市场等因素，运用科学的预测方法，对人力资源需求的数量、质量和结构等进行预测。

1.3.1 人力资源需求预测的影响因素

人力资源需求预测的影响因素通常包括企业外部环境和企业内部环境。

（1）企业外部环境包含经济环境、技术环境、社会环境和政治环境。宏观经济形势的变化会对企业人力资源需求产生重大影响。在经济繁荣时期，市场需求旺盛，企业往往需要扩大生产规模、增加销售渠道，从而需要更多的人力资源，如生产工人、销售人员等。相反，在经济衰退时期，企业可能会收缩业务、裁员或停止招聘。技术的快速发展促使企业不断更新生产技术和管理方式。新的技术可能会导致某些工作岗位被淘汰，同时也会创造出一些新的岗位。社会观念的转变、政策法规的变化也会影响企业的人力资源需求。例如，随着社会对环境保护的重视程度不断提高，企业可能需要招聘更多的环境工程师来满足环保法规的要求；国家出台鼓励发展新兴产业的政策，会使得相关企业加大对人才的投入，增加人力资源需求。

（2）企业内部环境包括企业战略、企业经营状况、组织架构和管理模式等。企业的战略目标决定了其业务范围和发展方向，进而影响人力资源需求。如果企业采取扩张战略，如进入新的市场或开发新的产品，就需要招聘和培养大量的人员来支持新业务的开展。而如果企业实行收缩战略，如剥离亏损业务，那么相应业务部门的人力资源需求就会减少。企业的销售额、利润等经营指标直接影响其人力资源需求。经营状况良好的企业有能力扩大规模，增加员工数量；而经营不善的企业可能会冻结招聘或裁员。企业的组织架构和管理模式的变化会对人力资源需求产生影响。

1.3.2 人力资源需求预测的方法

人力资源需求预测的方法通常包括定性和定量两类。

1.3.2.1 定性方法

定性方法包括经验判断法和德尔菲法。

(1) 经验判断法。

经验判断法是一种管理者或专家凭借自己过去积累的工作经验及个人的直觉,对组织未来所需要的人力资源的数量和结构等状况进行估计的方法。适用于规模较小、结构简单和发展均衡稳定的企业,因为这类企业的运营相对较为稳定,人力资源需求的变化相对较小,管理人员凭借经验能够较好地进行预测。

经验判断法的优点:①灵活性强,指能够根据实际情况进行调整和修正,快速对市场变化做出反应。当企业面临突发情况或市场环境发生变化时,管理人员可以凭借经验及时调整人力资源需求预测结果。②成本低,指不需要大量的数据收集和复杂的统计分析,主要依赖管理人员的经验和直觉,节省了时间和成本。

经验判断法的缺点:主观性较强。一方面预测的准确性受个人经验限制,如管理人员的个人偏好、情绪、认知偏差等,可能导致预测结果不准确。另一方面与定量预测方法相比缺乏科学的数据分析和模型支持,预测结果的准确性和稳定性相对较差,难以对复杂的人力资源需求进行精确预测。

(2) 德尔菲法。

德尔菲法也称专家预测法,通过多轮匿名问卷调查,收集专家的意见并进行汇总和反馈,逐步达成一致的预测结果。这种方法既适用于长期预测,也适用于短期预测,对于缺乏历史数据或环境变化较大的情况尤为适用。

德尔菲法的优点:①避免片面性。吸取众多专家的意见,综合不同领域和背景的专业知识与经验,可避免个人预测的片面性。②避免从众行为。采取匿名、"背靠背"的方式进行,专家可以独立地做出判断,可避免集体讨论中可能出现的从众行为。③准确性较高。经过多轮预测和反馈,专家们的意见逐渐趋于一致,使预测结果更具准确性和可靠性。

德尔菲法的缺点:①主观性较强。基于专家的主观判断,预测结果可能受到专家个人经验、知识水平、价值观等因素的影响。②过程较为复杂。需要进行多轮问卷调查、汇总反馈等,耗时较长,成本较高。③对专家依赖度高。专家的选择至关重要,如果专家的水平参差不齐或对问题的理解不一致,可能会影响预测结果的准确性。④缺乏精确性。通常只能得到一个大致的预测范围或趋势,难以提供非常精确的具体数值。

1.3.2.2 定量方法

定量方法包括趋势分析法、比率分析法和回归分析法。

（1）趋势分析法。

趋势分析法也称趋势外推法，是根据企业过去的人力资源数据，如员工数量、销售额、产量等，分析其变化趋势，并以此来预测未来的人力资源需求。这种方法依赖于历史数据，假设过去的发展趋势在未来条件变化不大的情况下会继续延续，对于外部环境变化较大的情况可能不太适用。

【例1】某公司新设一车间，设有四类工作，工作1的工时定额为0.5小时/件，工作2的工时定额为1.0小时/件，工作3的工时定额为1.0小时/件，工作4的工时定额为0.8小时/件。该公司的员工每年规定工作时间为251天，每天工作8小时，工人工作合格率为90%。现在已知2022年、2023年和2024年的计划工作量见表1.1，2022年该部门有56人上班。请计算：工人2022年的出勤率是多少？若按照此出勤率，该部门2023年、2024年需要多少人？

表1.1 某公司新设车间的计划工作量

工作	工作量/件		
	2022年	2023年	2024年
工作1	12000	15000	20000
工作2	30000	40000	45000
工作3	30000	30000	40000
工作4	40000	50000	55000

第一步，收集数据。首先要收集企业过去人力资源相关数据，包括员工总数、不同部门的员工数量、销售额、产量等与人员规模可能相关的指标数据。目前根据资料已知四类工作所需工时定额分别为0.5小时/件、1.0小时/件、1.0小时/件、0.8小时/件。

第二步，计算每种工作所需的工时量，见表1.2。

表 1.2 四种工作所需工时量

工作	工时量/时		
	2022 年	2023 年	2024 年
工作 1	12000×0.5＝6000	15000×0.5＝7500	20000×0.5＝10000
工作 2	30000×1.0＝30000	40000×1.0＝40000	45000×1.0＝45000
工作 3	30000×1.0＝30000	30000×1.0＝30000	40000×1.0＝40000
工作 4	40000×0.8＝32000	50000×0.8＝40000	55000×0.8＝44000
总计	98000	117500	139000

第三步，计算实际工时量。由于工人工作的合格率为 90%，所以实际工时量为：

2022 年　98000÷90%＝108888.89（时）
2023 年　117500÷90%＝130555.56（时）
2024 年　139000÷90%＝154444.44（时）

第四步，根据 2022 年数据计算每个工人全年工时数：
108888.89÷56＝1944.44（时）

每人全年工作 251 天，每天工作 8 小时，计算出勤率为：
1944.44÷(251×8)≈0.968

第五步，预测 2023 年、2024 年的人员需求为：
2023 年　130555.56÷(251×8×0.968)≈67.16（人）
2024 年　154444.44÷(251×8×0.968)≈79.46（人）

则该部门 2023 年需要 68 人，2024 年需要 80 人。

（2）比率分析法。

比率分析法是一种基于企业的某些关键因素与人力资源需求之间的比率关系来进行人力资源需求预测的方法。其原理是借助劳动生产率和组织业务总量之间的关系来对所需人力资源数量进行折算的一种方法，如销售额与员工人数的比率、劳动生产率等，再根据企业的业务目标（如销售额目标）来推算所需的人力资源数量。这种方法的基本假设是企业的一些经营指标和人力资源数量之间存在相对稳定的比率关系。这种方法简单易行，但关键比率的确定需要准确的历史数据和合理的假设。

【例 2】某工厂过去五年平均年产量为 2000 件产品，生产工人平均数量为 100 人。工厂计划在明年将产量提高到 3000 件。请用比率分析法预测明年需要增加多少生产工人？

第一步,确定某些与人力资源需求量有关的关键因素。计算过去产量与生产工人数量的比率。比率=生产工人数量÷产量,即 $100÷2000=0.05$(人/件)。

第二步,根据明年的产量目标计算所需生产工人数量。所需生产工人数量=明年产量×比率,即 $3000×0.05=150$(人)。

第三步,计算需要增加的生产工人数量。原来有100人,所以需要增加的人数为 $150-100=50$ 人。

比率分析法的优点:①与业务紧密联系;②简单直观。它直接以企业的业务指标为基础进行人力资源需求预测,使得人力资源规划与企业经营目标紧密相连。这样能够保证企业的人力资源配置能够有效地支持企业的业务发展。企业管理者和人力资源部门可以根据一些基本经营数据和比率关系快速地进行人力资源需求的初步估算。不需要复杂的数学模型或大量的数据处理。缺点:①比率的稳定性假设,这种方法假设关键比率在过去和未来是相对稳定的,但实际上企业的生产效率、经营模式等因素的变化可能会导致比率发生变化;②单一因素局限性,往往只考虑了一种或少数几种关键比率,没有综合考虑其他因素对人力资源需求的影响。

(3)回归分析法。

回归分析法是一种更为复杂的统计方法,通过建立人力资源需求与多个影响因素(如企业规模、销售额、利润等)之间的数学模型,来预测人力资源需求。例如,企业可以将员工数量作为因变量,将销售额、市场份额、新产品开发数量等作为自变量,建立多元回归模型。这种方法准确性较高,但需要大量的数据和专业的统计知识。

【例3】 某制造企业统计了过去8年的产量(x_1,单位:万件)、销售额(x_2,单位:万元)和员工总数(y,单位:人)的数据,见表1.3,若企业预计下一年度产量为26万件,销售额为360万元,请用多元线性回归分析法预测下一年度员工总数。

表 1.3 制造企业数据表

年份	产量(x_1)	销售额(x_2)	员工总数(y)
1	10	200	100
2	12	220	105
3	14	240	110
4	16	260	115

续表

年份	产量(x_1)	销售额(x_2)	员工总数(y)
5	18	280	120
6	20	300	125
7	22	320	130
8	24	340	135

第一步，首先确定因变量和自变量。因变量是员工总数，自变量是产量和销售额。

第二步，建立回归方程：$y=a+b_1x_1+b_2x_2$。

第三步，计算x_1、x_2和y的均值：

x_1均值$=(10+12+14+16+18+20+22+24)\div 8=18$（万件）

x_2均值$=(200+220+240+260+280+300+320+340)\div 8=280$（万元）

y均值$=(100+105+110+115+120+125+130+135)\div 8=120$（人）

第四步，计算回归系数和常数项。

$$b_1=\frac{\sum_{i=1}^{8}(x_{1i}-\overline{x_1})(y_i-\overline{y})}{\sum_{i=1}^{8}(x_{1i}-\overline{x_1})^2}$$

$$b_2=\frac{\sum_{i=1}^{8}(x_{2i}-\overline{x_2})(y_i-\overline{y})}{\sum_{i=1}^{8}(x_{2i}-\overline{x_2})^2}$$

$$a=\overline{y}-b_1\overline{x_1}-b_2\overline{x_2}$$

计算得$b_1=2.5$，$b_2=0.25$，$a=0.5$，所以回归方程为$y=0.5+2.5x_1+0.25x_2$。

当$x_1=26$万件、$x_2=360$万元时，$y=0.5+2.5\times 26+0.25\times 360=140$（人），即预测下一年度员工总数为140人。

回归分析法考虑了多因素关系，基于严谨的统计理论和数据分析，通过对大量历史数据的分析来建立模型，如果数据质量高且模型选择合适，预测结果的准确性相对较高。

1.4 人力资源供给预测

人力资源供给预测是指企业为实现其既定目标，对未来一段时间内企业内部和外部各类人力资源供给来源情况进行预测的过程。它主要评估企业在未来能够获得的人力资源数量和质量，包括企业内部的人员晋升、调动、离职情况，以及外部劳动力市场的人才供给状况等。

1.4.1 企业内部人力资源供给预测

1.4.1.1 企业内部人力资源供给的影响因素

（1）企业战略。

当组织战略是业务拓展时，如进入新的市场或开发新的产品线，会创造出许多新的岗位，这将刺激内部人力资源的流动。例如，一家餐饮企业决定开展外卖业务，就需要从内部选拔人员来担任外卖运营、配送调度等新岗位，从而改变内部人力资源的供给结构。相反，组织战略如果是业务收缩，比如退出某个亏损的业务领域，会导致相应部门的人员冗余，可能引发大规模的员工离职或调岗，使内部人力资源供给在短期内迅速增加。

（2）企业结构。

随着企业进行企业结构的扁平化改革，纵向层次的减少，管理层数有所减少，员工跨层升迁的机会也会有所减少。原本处于这些岗位的人员可能会流向其他部门或基层岗位，进而影响内部人力资源的供给。例如，企业将原来的三级管理架构变为两级，中层管理者可能会补充到一线销售或客服岗位，增加这些岗位的内部供给。

（3）员工流失率。

员工流失包含离职、合同结束、正常退休及非正常伤残死亡等。合同结束与正常退休是能预知且可控制的因素，相比这两种情况来说，员工离职是影响供给最难预测和控制的一种情况。企业的行业竞争地位、企业文化、薪酬福利水平等都会影响员工的主动离职率。较高的主动离职率会导致企业内部人力资源供给不稳定，增加招聘和培训成本。

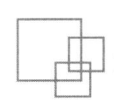

(4) 培训与开发政策。

企业积极的培训政策能够提升员工的技能和素质，增加员工在内部的竞争力和适应性。例如，企业定期组织员工参加专业技能培训和管理能力培训，员工就有更多的机会胜任其他岗位，从而扩大了内部人力资源供给的范围。反之，缺乏培训政策会使员工技能单一，难以适应企业内部的岗位变化，限制内部人力资源的有效供给。

1.4.1.2　企业内部人力资源供给的内容

内部人力资源是企业内部人力资源供给的主要来源，多数企业在进行人力资源预测时都首先要考虑企业内部供给状况。在内部分析时，主要通过对现有人力资源存量和未来的变化情况进行判断。

(1) 现有员工存量分析。对现有人力资源的数量、质量和结构等进行的分析，包括员工数量与分布、学历结构、年龄结构等。与企业中其他资源不同，企业的人力资源即使在其他条件都保持不变的情况下，也可能发生变化。比如人的年龄的增长、身体素质的变化、学识和经验的增长等。如果员工的学识增多、技能增加、经验更丰富等，那么其质量可能会升高。因此，在进行现有员工存量分析时，重点要对企业中现有人力资源的年龄、性别、身体状况、学习、技能提升等状况进行分析，以更加准确地获知人力资源的供给状况。

(2) 员工内部流动分析。员工内部流动指一些岗位的员工流动到其他岗位，包括内部晋升与岗位调动。这种流动虽然没有对企业的人力资源总供给产生影响，但是影响了供给结构，可能导致某些岗位、层次的人力资源过量，而另一些岗位或层次的人力资源不足。分析员工的晋升潜力是内部人力资源供给的关键环节。企业需要确定哪些员工具有晋升的潜力，以及他们适合晋升到哪些岗位，明确的晋升路径有助于员工规划自己的职业发展，也有利于企业合理安排内部人力资源供给。晋升路径、晋升频率和规模都会影响内部人力资源供给。岗位调动包括平级调动和跨部门调动。平级调动可能是为了满足员工的个人发展需求，岗位调动的规模和方向也会对内部人力资源供给产生影响。如果大量员工从一个部门流向另一个部门，会使原部门的人力资源供给减少，而接收部门的供给增加，企业需要提前做好相应的规划和协调。

(3) 员工离职情况预测。一方面，需要预测主动离职因素与概率。分析员工主动离职因素是预测内部人力资源供给的重要部分。常见的因素包括薪酬福利、职业发展空间、工作环境、工作压力等。对于不同部门、岗位、年龄段的员工，主动离职概率可能会有所不同。比如，年轻员工可能更注重职业发展机会,而年长员工可能更关注薪酬福利和工作稳定性。了解这些差异有助于企业更精准地预测内部人力资源供给的变化。另一方面,需要估计被动离职计划与影响。被动离职包括裁员、辞退等情况,通常是企业基于战略调整、成本控制、绩效不佳等原因做出的决策。企业需要提前规划被动离职的规模和对象,例如,在业务转型时期,企业可能会制订裁员计划,确定哪些部门或岗位需要削减人员。

1.4.1.2 企业内部人力资源供给预测的方法

(1) 技能清单法。

技能清单法是对企业中现有人力资源的数量、质量、结构和在各职位上的分布状况进行检查,以明确企业现有人力资源的状况。技能清单是由人力资源管理部门所设计的一种能全面反映一个员工工作能力特征信息的表格,可以反映员工的工作经验、受教育程度、特殊技能、竞争能力等与工作有关的信息,以帮助人力资源规划人员估计现有员工调换工作岗位的可能性和决定哪些员工可以补充当前空缺岗位。其通常包括以下几项:①员工的个人情况,如姓名、性别、年龄等;②员工的过往经历,包括先前的受教育情况、工作和培训经历等;③员工在本单位的工作经验;④员工在企业中的职位与报酬的变动,对其工作表现的评价,对其进行的训练的内容与成效;⑤员工的素质,即对其主要素质、业务素质、所获奖项、所获成绩等方面的考核与评判;⑥对员工进行职业发展规划,如员工的职业发展目标与计划、职业兴趣等。见表1.4。

表1.4 技能清单表

	姓名	部门	科室	工作地点	填表日期
个人情况					
	到职日期	出生日期	婚姻状况	工作职称	
教育背景	类别	学位	毕业时间	毕业学校	专业
培训经历	培训主题		培训机构		培训时间
工作经历	工作单位		工作时间		担任何种工作

续表

技能	技能各类	证书	
志向	是否愿意到其他部门工作	是	否
	是否愿意担任其他类型的工作	是	否
	是否愿意接受工作轮换	是	否
	如果可能你愿意承担哪种工作		
你认为需要接受何种培训		改善目前的技能和绩效	
		提升晋升所需经验和能力	
你认为自己现在可以接受哪种工作指派			

(2) 人员接替法。

人员接替法是通过对现有人员的状况进行调查，评价其晋升、调动的可能性，预测企业内人力资源供给情况，以确保企业在需要时能得到合适的人员填补职位空缺。该方法假设内部人员有能力且有意愿填补组织内的职位空缺，基于员工当前绩效、能力、潜力等因素，评估其在未来一段时间内晋升或调动到其他岗位的可能性，从而确定各个岗位的人员供给情况。

建立人员接替模型的步骤通常包括五步。第一步，确定关键岗位。根据职务之间的信息明确不同职位对员工的具体要求。第二步，评估现有人员。对关键岗位的现有人员进行全面评估，内容包括工作绩效、能力素质、发展潜力等。第三步，绘制人员接替图。以矩阵形式展示每个关键岗位的现有人员情况及可能的接替者，如图1.2所示。第四步，预测接替情况。根据人员的发展状况和企业的需求，预测未来一段时间内各个岗位的接替情况，考虑因素包括人员的晋升计划、离职可能性、培训与发展进度等。第五步，制订调整计划。根据预测结果，制订相应的人力资源调整计划。若某些岗位的接替者不足，需制订招聘或培训计划；若接替者过多，需考虑人员的调配或职业发展规划。

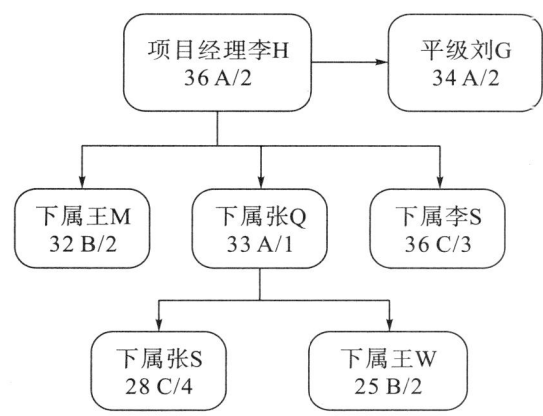

图1.2 项目经理李H的人员接替图

注：名字代表可能接替岗位的人员。字母表示提升潜能：A为可以晋升，B为需要培训，C为不适合当前岗位。数字表示当前绩效：1为优秀，2为良好，3为普通，4为欠佳。

这种方法能直观清晰地展示企业内人力资源的供给状况，可使管理者一目了然地了解各个岗位的人员储备情况。但动态性不足，人员状况和企业需求是不断变化的，而人员接替法的更新可能不够及时，导致预测结果与实际情况存在偏差。

（3）马尔科夫模型。

通常也称转换矩阵法，其思路是找出过去人力资源供给变化的规律，以此来预测人力资源的变化趋势。马尔科夫模型将企业内的岗位划分为不同状态，通过收集和分析历史数据，找出企业过去人事变动的规律，确定人员在不同岗位状态之间的转移率，构建转移率矩阵。利用转移概率矩阵和当前各岗位的人员数量，推测未来的人事变动趋势。

步骤：①根据历史数据推算出各类人员的转移率，得出转移率的变动矩阵；②统计初始时刻各类人员的分布状况；③建立模型，预测人力资源供给状况。

【例4】 某公司有管理岗位、技术岗位、操作岗位，当前各岗位的人员数量分别为100人、200人、300人。通过分析过去三年的人员流动数据，得到人员转移率，见表1.5，请据此预测明年的人员供给情况。

表1.5 人员转移率

岗位	管理岗位	技术岗位	操作岗位	离职
管理岗位	0.9			0.1

续表

岗位	管理岗位	技术岗位	操作岗位	离职
技术岗位	0.1	0.7		0.2
操作岗位	0.1	0.1	0.6	0.2

解析：由表1.5可以看出，管理岗位留任率为0.9，离职率为0.1；技术岗位转到管理岗位的概率为0.1，离职率为0.2，留任率为0.7；操作岗位转到技术岗位的概率为0.1，转到管理岗位的概率为0.1，离职率为0.2，留任率为0.6。构建转移率矩阵：

$$P = \begin{bmatrix} 0.9 & 0 & 0 \\ 0.1 & 0.7 & 0 \\ 0.1 & 0.1 & 0.6 \end{bmatrix}$$

人员供给状况 $= (100, 200, 300) \begin{bmatrix} 0.9 & 0 & 0 \\ 0.1 & 0.7 & 0 \\ 0.1 & 0.1 & 0.6 \end{bmatrix} = (100 \times 0.9 + 200 \times 0.1 + 300 \times 0.1) + (100 \times 0 + 200 \times 0.7 + 300 \times 0.1) + (100 \times 0 + 200 \times 0 + 300 \times 0.6)$

预测明年管理岗位人员供给为140人，技术岗位人员供给为170人，操作岗位人员供给为180人。离职人数为110人。明年的人员供给情况见表1.6。

表1.6　人员供给情况

初始人数	岗位	管理岗位	技术岗位	操作岗位	离职
100	管理岗位	100×0.9			100×0.1
200	技术岗位	200×0.1	200×0.7		200×0.2
300	操作岗位	300×0.1	300×0.1	300×0.6	300×0.2
总计		140	170	180	110

马尔科夫模型的优点是具有较强的科学性和准确性，能够考虑到企业内部人员流动的多种情况，为人力资源规划提供较为可靠的依据；缺点是要求人员流动数据具有一定的稳定性和规律性，如果企业内部发生重大变革，如战略调整、企业结构变动等，人员流动规律可能会发生较大变化，导致预测结果不准确。

1.4.2 企业外部人力资源供给预测

1.4.2.1 企业外部人力资源供给预测的影响因素

外部人力资源供给预测是指对企业以外能够提供给企业所需要的人力资源的质和量的预测,主要渠道是外部劳动力市场。它不但要调查整个国家和企业所在地的人力资源供给状况,还要调查同行业或同地区其他企业对人力资源的需求情况。

(1) 人口因素。

人口因素指企业可以获取外部人力资源的地域范围内,人口资源的规模、结构及人口流动情况等。具体来说,这方面的因素首先要考虑该地区的人口资源总量和人力资源所占比例,人口规模大,劳动力资源丰富,外部人力资源供给的基础量大。其次要考虑该地区人力资源的人口结构,不同年龄、性别、受教育程度、经验与技能等方面的人员所占的比例。人口结构变化,如老龄化加剧,会导致劳动力人口减少,外部人力资源供给减少。人口流动趋势也会影响人力资源的地区分布和行业分布,如农村人口向城市流动,为城市企业提供了大量劳动力;人才从传统行业向新兴行业流动,改变了不同行业的人力资源供给状况。

(2) 宏观经济环境。

①经济发展状况。如果宏观经济发展平稳,企业经营环境良好,人力资源供给波动不大;如果走势出现波动,人力资源供给也会出现波折。如果出现利好因素,宏观经济增长较快,企业开工充足,人力资源需求旺盛,失业率低,这时人力资源供给不充分。反之,经济下滑,失业率高,则人力资源供给充足。

②劳动力市场供求关系。当劳动力市场供大于求时,企业外部人力资源供给充足,选择余地大;当供小于求时,企业招聘难度增加。

(3) 行业环境。

①行业发展前景。行业发展前景看好,对人才吸引力强,能吸引其他行业人才流入,外部人力资源供给相对丰富。如人工智能、新能源等行业,吸引了大量相关专业人才和跨行业人才。

②行业竞争状况。行业内竞争激烈,企业对人才争夺加剧,会使外部人力资源供给相对紧张。各企业会通过提高薪酬、改善福利等吸引人才,导致人才流动频繁,企业招聘难度增加。

③行业人才培养情况。行业人才培养体系完善,专业院校和培训机构多,

能为行业提供大量专业人才,外部人力资源供给充足。

(4)地域性因素。

①地区经济发展水平。经济发达地区企业多,就业机会多,基础设施完善,对人才吸引力大,外部人力资源供给丰富。

②地域文化差异。不同地域文化背景下,人们的就业观念和职业选择偏好不同。一些地区人们更倾向于稳定的工作,而另一些地区人们可能追求创新和挑战,这都会影响人力资源的供给。

③地理位置与交通便利性。地理位置优越、交通便利的地区,企业招聘范围广,外部人力资源供给更充足。沿海地区或交通枢纽城市的企业,更容易吸引人才。

④地区教育资源状况。一个地区的教育状况越好,政府在教育方面的投入越多,则该地区的人力资源数量和质量可能会更好。

(5)政策法规。

政府的政策法规对人力资源供给影响显著,如就业促进政策、人才引进政策、劳动法律法规、产业政策等。

①就业促进政策。政府出台就业补贴、税收优惠等政策,鼓励企业吸纳更多劳动力,这会增强企业对人力资源的需求拉力,间接影响外部人力资源的供给意愿和流向。

②人才引进政策。许多国家和地区为了促进本地经济发展,出台了具有吸引力的人才引进政策,如给予住房补贴、落户政策等,会吸引其他地区的人才流入,改变人力资源的区域供给格局。

③劳动法律法规。完善的劳动法律法规,如最低工资标准、劳动保护、社会保险等规定,能够保障劳动者的合法权益,提高工作的吸引力和稳定性,增强人力资源的供给意愿。同时,劳动法律法规对劳动合同的签订、解除等做出规定,规范了劳动力的流动行为,影响着人力资源在不同企业和行业之间的供给稳定性和流动速度。

④产业政策。政府通过产业政策鼓励新兴产业发展,限制或淘汰落后产业,这会引导人力资源向新兴产业流动,使相关专业和技能的人才供给增加,而传统产业的人力资源供给逐渐减少。同时,产业政策推动产业集聚发展,形成产业集群,会吸引大量相关人才汇聚,促进人力资源在特定区域和产业的集中供给,提高人力资源的配置效率。

(6)科技发展。

科技发展带来新技术、新产业,对人才的知识和技能要求发生变化,使某些传统专业人才过剩,而新兴技术领域人才供不应求。如电商兴起使传统零售人才需求减少,电商运营、直播带货等人才需求增加。科技发展使远程办公等新模式兴起,扩大了企业的人才招聘范围,企业可突破地域限制招聘人才,增加了外部人力资源供给的多样性和可选择性。

1.4.2.2　企业外部人力资源供给预测的方法

(1) 市场调查预测法。

市场调查预测方法是企业人力资源管理者组织或亲自参与市场调查,并在掌握第一手劳动力市场信息资料的基础上,经过分析和推算,预测劳动力市场的发展规律和未来趋势的一类方法。

①明确调查目标。明确要了解的外部人力资源供给的具体方面,如特定地区、行业、专业的人才数量,不同学历层次人才的分布,潜在应聘者的职业意向、薪酬期望、流动意愿等。

②设计调查方案。根据调查目标,确定调查对象、调查范围,明确调查内容,选择合适的调查方法及抽样方法。如调查对象可能是相关人才市场、高校、培训机构、竞争对手及潜在应聘者等。调查方法包括问卷调查法、访谈法、焦点小组访谈法、观察法等。

③实施调查。按照调查方案开展调查,收集相关数据和信息。

④数据分析。首先,对收集到的数据进行筛选,去除无效问卷、重复数据等后对有效数据进行分类和编码,以便于分析。其次,了解调查对象的基本特征和总体情况,如统计不同学历人才的比例、各行业的求职意愿分布等。再次,找出与外部人力资源供给相关的因素,分析关联程度,如分析行业发展趋势与人才供给数量的关系、薪酬水平与人才流动意愿的关系等。最后,基于数据分析结果,结合市场动态和企业发展需求,运用合适的预测方法,如时间序列分析、回归分析等,对未来的外部人力资源供给进行预测。

⑤结果应用。根据调查结果,企业在制订招聘计划、制定人才储备策略和薪酬政策等方面做出相应的调整和决策,并定期对调查结果进行回顾和更新,以适应市场变化。

(2) 相关因素预测法。

相关因素预测法指通过调查和分析,找出影响外部人力资源供给相关的各种因素,利用这些因素的历史数据和相关信息,运用统计分析或数学模型,探索这些因素对劳动力市场发展变化的作用方向和影响程度,然后根据对这些因素的未来预测,推算外部人力资源供给情况。

①确定相关因素。通过文献研究、专家咨询、历史数据分析等方法,全面梳理与外部人力资源供给密切相关的因素。例如,对于科技行业的软件人才供给,相关因素可能包括计算机专业高校招生人数、软件行业的薪资水平、科技产业政策等。

②收集数据。针对确定的相关因素,收集过去一定时期内的准确数据。数据来源可以是政府统计部门、行业协会、专业咨询机构发布的报告,也可以是企业自身的人力资源数据、市场调研数据等。

③建立预测模型。运用回归分析、相关性分析等统计方法,分析每个相关因素与人力资源外部供给之间的关系强度和变化规律。根据因素与供给的关系分析结果,选择合适的数学模型或构建综合的预测模型。

④供给预测。结合宏观经济预测、行业发展规划、政策趋势分析等,对模型中的相关因素进行未来值预测。将预测得到的相关因素未来值代入建立的预测模型中,计算出人力资源外部供给的预测值。

⑤验证与调整模型。定期将预测结果与实际的人力资源外部供给情况进行对比验证,根据验证结果对预测模型进行调整和优化,提高模型的准确性和可靠性。

1.5 人力资源供需平衡

完成人力资源需求和供给情况的预测后,就需要对人力资源供需状态进行评估,并对供需失衡(包括结构失衡和数量失衡)进行调整。

1.5.1 人力资源供需平衡分析

人力资源供需平衡分析是企业人力资源规划的核心,旨在通过对比人力资源的供给与需求状况,了解企业在人力资源方面的匹配程度,进而采取相应措施以实现人力资源的合理配置。

1.5.1.1 专项人力资源计划之间的平衡

专项人力资源计划包括招聘计划、岗位需求计划、培训计划、晋升计划、薪资计划等。专项人力资源计划之间的平衡是确保企业人力资源管理体系高效运行、支撑企业战略目标实现的重要环节,需要综合考虑各计划之间的相互关系和影响，使它们相互协调、相互促进。如招聘计划要与晋升计划、离职计划相协调，使企业整体人员数量保持在合理范围内，避免出现人员短缺或过剩。培训计划要与岗位需求计划相匹配，确保员工的能力和素质能够满足岗位要求。员工职业生涯规划要与企业的人力资源结构调整计划相结合，促进企业人力资源结构的优化。通过这些专项计划的相互作用，企业最终完成人力资源的供需平衡。

1.5.1.2　企业需要与员工个人需要之间的平衡

企业进行专项人力资源计划的另一个重要目的就是解决企业需要与员工个人需要之间的平衡问题，从而维持企业内部组织结构的稳定。

1.5.1.3　人力资源需求与人力资源供给之间的平衡

通常人力资源供需平衡分析有四种状态：供不应求、供过于求、供需问题平衡但结构不平衡、供需基本平衡。在整个企业的发展过程中，从总量上看，企业的人力资源供求失衡是一种常态，真正意义上的供求完全平衡是没有的。平衡是一种状态，平衡不是相等，而是供给和需求在结构和数量上处于一种均势。从结构上看，企业人力资源需求结构与供给结构总会有偏差，常常是企业急需的人员招聘不到，供给不足，而不太需要或根本不需要的人员供给过剩。综合总量和结构两种因素，企业经常处于人力资源供求失衡状态。

1.5.2　人力资源供不应求的调整方法

当人力资源供不应求时，企业可从内部和外部两个方面进行调整，以满足企业的人力资源需求，保障企业的正常运营和发展。

1.5.2.1　内部调整

（1）提高员工工作效率。一方面，对企业的工作流程进行全面梳理和优化，去除烦琐的环节和不必要的步骤，提高工作效率，降低对人力资源的需求。另一方面，可通过员工培训提升员工技能，提高工作效率，从而可以替代一部分新增的员工需求数量。

（2）增加员工工作时间。短期内，适当延长员工工作时间是一种快速解决人力资源不足的方法。这需要企业制定合理的加班制度，支付相应的加班费用，以补偿员工的额外工作时间和精力付出，同时还要注意控制加班时长，避免员工过度劳累。

（3）提高技术水平。一方面，引进或改进新技术，减少企业对人力资源的依赖性。比如引进机器人生产、购入自动化设备等，都可以有效减少对人工的需求量。另一方面，提升员工的技术能力水平，鼓励员工对自身工作岗位进行各种技术改革，提高岗位的技术含量，也能解决人力资源的供不应求问题。

（4）扩大工作范围。当企业某类员工紧缺，在人才市场上又难以招聘到相应的员工时，可以通过修改职务说明书，扩大员工的工作范围或责任范围，从而达到增加企业工作量的目的。需要注意的是，扩大工作范围必须与提高待遇相对应，不然会使员工产生不满情绪，影响企业的生产活动。扩大工作范围可以与企业的业务流程重整结合使用，在调整过程中，利用先进的管理技术或操作技术在扩大员工的工作责任的同时减轻员工的工作量。

1.5.2.2 外部调整

（1）招聘全职员工。根据企业的人力资源需求，通过多种渠道（如线上招聘平台、线下招聘会、校园招聘、人才猎头等）招聘全职员工。在招聘过程中，要明确岗位要求和职责，吸引符合企业需求的人才加入。

（2）聘用临时工。聘用临时工是企业从外部招聘员工的一种特殊形式。聘用临时工可以减少企业的福利开支，这种方式具有灵活性高、成本相对较低的特点，企业可以根据实际工作需要随时调整人员数量。企业产品季节性比较强或企业临时进行专项生产时采取这种方式比较合适。

（3）业务外包。将部分非核心业务外包给专业的服务提供商，利用外部的专业资源来完成工作任务，从而减少企业内部对相关人力资源的需求。

（4）返聘退休员工。企业可以返聘一些身体健康、经验丰富的退休员工，他们对企业文化和工作流程比较熟悉，能够快速适应工作岗位，并且可以将工作经验传授给年轻员工。

1.5.3 人力资源供过于求的调整方法

1.5.3.1 人员优化

（1）裁员。裁员是解决人员过剩的另一种办法。对于绩效不佳、能力与岗位不匹配或企业不再需要的人员，可进行裁员。但是，采取这种方法需要谨慎，因为它不仅涉及员工本人及其家庭的利益，而且会对组织形象产生影响，甚至对整个社会产生影响。只有在企业经营出现严重亏损，生产难以为继，或生产不可能恢复的情况下，才能采取这种办法。

（2）提前退休。制定优惠政策，鼓励符合一定条件的员工提前退休，如给予额外的退休金补贴、提供职业再培训机会等。这样可以使部分接近退休年龄的员工提前离开工作岗位，为企业减少人力成本支出，同时也为年轻员工提供晋升空间。

（3）淘汰末位员工。通过绩效考核等方式，定期对员工的工作表现进行评估，对处于末位且不符合岗位要求的员工进行淘汰。这种方法可以促进员工的竞争意识，提高整体工作效率，但要确保绩效考核体系科学合理、公平公正，避免引起员工的不满和抵触情绪。

1.5.3.2 工作调整

（1）工作分享。将一个全职岗位的工作任务分配给多个员工，使他们以兼职或灵活的方式完成工作，员工的工作时间和薪酬也相应减少。这种方式可以在不裁员的情况下，应对人力资源供过于求的情况，同时也能满足一些员工对工作灵活性的需求。

（2）岗位调整与再分配。对企业内部的岗位进行重新评估和调整，将过剩的人员调配到其他有需求的岗位上。这需要企业对员工的技能和能力有清晰的了解，同时要为员工提供必要的培训和支持，帮助他们适应新的岗位要求。

（3）缩短工作时间。在不减少员工数量的前提下，适当缩短员工的工作时间，如实行每周四天工作制或每天工作六小时等。这样可以使企业在人力资源过剩的情况下，保持员工队伍的稳定，同时能降低企业的人力成本。

1.5.3.3 业务拓展与转型

（1）拓展新业务。扩大经营规模，或开拓新的增长点，增加人力资源需求量。例如，企业可以根据市场需求和自身优势，拓展与现有业务相关的上下游产业，或进入新兴的行业领域，实现多元化发展。

（2）业务转型。对企业的业务进行全面转型，调整企业的战略方向和业务结构，使企业适应市场变化和发展趋势。在业务转型过程中，企业需要对人力资源进行重新规划和配置，通过培训和再教育等方式，使员工的技能和知识结构与新的业务需求相匹配，将过剩的人力资源转化为企业转型的动力。

1.5.3.4 培训与开发

利用人力资源过剩的时机，对富余员工实施培训，增加培训人员的需求，减少对现有岗位的人员供给,加大对员工的培训力度,为企业未来的发展储备人才。企业可以根据自身的战略规划和业务需求,制订系统的培训计划,包括专业技能培训、管理能力培训、创新思维培训等,提高员工的综合素质和能力水平。

1.5.4 人力资源结构性不平衡的调整方法

所谓结构性不平衡,是指数量上平衡,但存在某些岗位人数供过于求,而另一些岗位人数供不应求,或者供给的质量与需求的质量不匹配。此时可以采取的以下策略。

1.5.4.1 内部重新配置

如通过晋升、跨部门调动、降职等手段弥补空缺的岗位,满足这部分的人力资源需求。依据各部门的人力资源需求和人员状况,将员工从人员过剩的部门调配到人员短缺的部门。

1.5.4.2 培训与再开发

一方面,通过技能培训分析短缺岗位的技能要求,对过剩岗位的员工开展针对性技能培训,帮助他们掌握新技能,以适应短缺岗位的工作。另一方面,通过职业发展规划辅导,结合企业需求和员工个人意愿,为员工制定个性化的职业发展规划,引导员工向短缺的人才类型发展,鼓励员工参加相关培训和学习。

1.5.4.3 人员置换

对于组织中不需要的人员予以辞退,重新补充组织需要的人员,确保人员结构的合理性。

【思考与讨论】

请扫描二维码完成习题

第 2 章　招聘与录用

【思维导图】

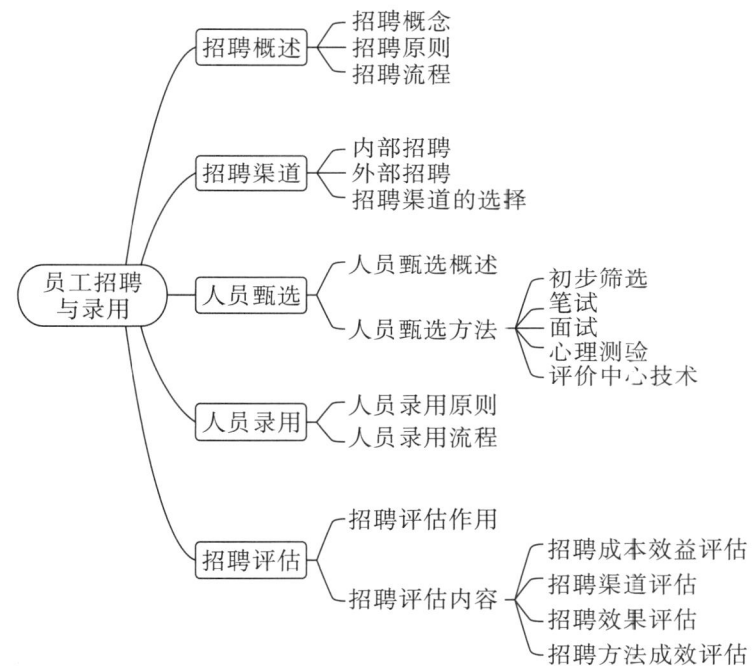

【学习目标】

1. 了解员工招聘与人员甄选的含义、招聘与人力资源各模块的关系
2. 理解招聘原则、人员录用原则
3. 掌握员工招聘流程
4. 掌握各种招聘渠道的方法及优缺点
5. 理解人员甄选方法
6. 掌握招聘评估内容

案例引入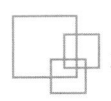

　　某公司全面招聘体系的目的是招聘最优秀的有责任感的员工，为此公司做出了极大的努力。某公司全面招聘体系大致可以分成6个阶段，前5个阶段招聘要持续5~6天。

　　第一阶段，某公司会委托专业的职业招聘机构进行初步的筛选。应聘人员一般会观看公司的工作环境和工作内容的影像资料，同时了解某公司的全面招聘体系，随后填写工作申请表。专业招聘机构会根据应聘人员的工作申请表和具体能力、经验做初步筛选。

　　第二阶段，评估员工的技术知识和工作潜能。通常会要求员工进行基本能力和职业态度心理测试，评估员工解决问题的能力、学习能力及职业兴趣爱好。如果是技术岗位工作的应聘人员，还需要进行现场机器和工具操作测试。

　　通过第一、二阶段的应聘者的有关资料转入某公司。

　　第三阶段，某公司接手有关招聘工作，评价员工的能力和决策能力。应聘人员在公司评估中心参加小组讨论，由公司的招聘专家进行即时观察评估，考察应聘者的洞察力、灵活性和创造力。另外，应聘人员需要参加实际生产线模拟操作。在模拟过程中，应聘人员需要组成项目小组，承担计划和管理的职能。

　　第四阶段，应聘人员参加集体面试，了解应聘人员的兴趣爱好、职业生涯规划及社交能力。

　　第五阶段，进行全面的身体检查，了解员工的身体状况和特殊情况。

　　第六阶段，新员工要接受6个月的工作表现和发展潜能评估。

　　招聘无小事，这是关乎应聘者和企业未来的大事。招聘工作搭起了应聘者和企业之间的桥梁，一方面为应聘者提供了机会，另一方面给企业注入了新鲜血液。

2.1 招聘概述

2.1.1 招聘概念

招聘是企业在人力资源规划和职位分析的基础上,凭借多样化的途径与手段,从企业内外寻找合适的人员填补空缺职位的过程。其是企业获取合适人才、实现人力资源优化配置的关键环节。其本质在于,通过建立统一、标准的选拔机制,提升面试质量,高效精准地获取匹配的人才。招聘管理是人力资源管理的重要模块之一,包括招聘规划、招聘流程和招聘执行三个方面,主要有人员甄选、人员录用、招聘评估等内容。

招聘与人力资源管理各板块的关系如图 2.1 所示。

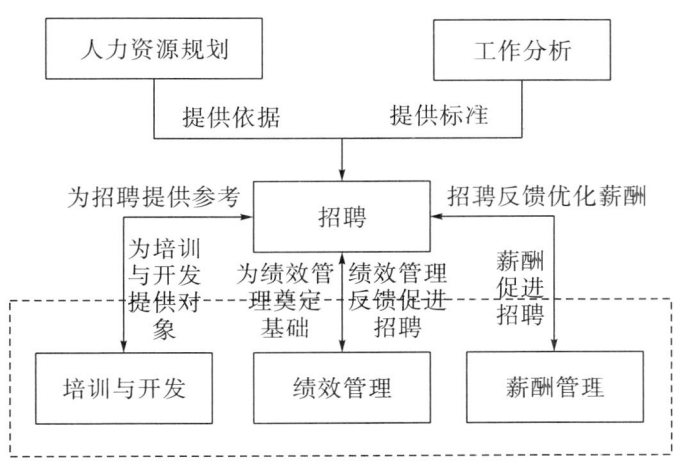

图 2.1 招聘与人力资源管理各板块的关系

(1)招聘与人力资源规划的关系。人力资源规划根据企业战略目标,预测未来的人力资源需求和供给状况,明确所需人员的数量、类型和技能要求等,为招聘提供方向和目标,是招聘工作开展的依据。

(2)招聘与工作分析的关系。工作分析为招聘提供选拔标准,工作分析可以详细描述岗位员工所需的知识、技能、能力、学历、经验、性格特征等任职条件,这些信息构成招聘中简历筛选、笔试、面试等环节的标准,有助于企业筛选出真正符合岗位要求的候选人。

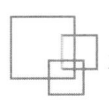

(3) 招聘和培训与开发的关系。一方面，招聘选拔出的新员工是培训与开发的主要对象，新员工的素质、能力和知识水平等会影响培训与开发的内容和方式。另一方面，有效的培训与开发体系能够提升员工的能力和素质，使企业在招聘时更具吸引力，同时也能为招聘提供参考，帮助确定招聘中对员工潜力和可培养性的要求。

(4) 招聘与绩效管理的关系。一方面，招聘为绩效管理奠定基础。招聘到合适的人才，其能力和素质与岗位要求相匹配，能够为良好的绩效表现提供前提条件，有助于提高绩效管理的整体水平。另一方面，绩效管理反馈促进招聘，绩效管理的结果可以反映招聘效果，通过分析绩效数据，能发现招聘中存在的问题，如是否招到了真正符合岗位要求的人才，从而为后续招聘提供改进方向，优化招聘标准和流程。

(5) 招聘与薪酬管理的关系。一方面，薪酬促进招聘。具有竞争力的薪酬体系能够吸引更多优秀人才前来应聘，提高招聘的成功率和人才质量。薪酬水平、结构和福利项目等是应聘者考虑是否加入企业的重要因素。另一方面，招聘反馈优化薪酬管理。招聘过程中对市场薪酬水平的调研及与应聘者的沟通反馈，能为企业调整和优化薪酬管理提供信息，帮助企业确保其薪酬体系在市场上具有一定竞争力。

2.1.2　招聘原则

招聘不能简单地理解为招兵买马，扩充队伍。招聘的目的在于为企业获得满足其生产经营需要的人员，实现人岗匹配、人事相宜，提升企业竞争力，促进企业健康稳定发展。因此，员工招聘需遵循一系列原则，才能确保招聘到合适的人才，满足企业发展需求。

2.1.2.1　公平公正原则

公平公正原则是指企业招聘既要做到公开平等，又要做到选拔公正。公开是指企业要通过正式的渠道将招聘的详细信息（如岗位名称、岗位要求、招聘人数、选拔方法、时间安排等）如实地告知企业内部和外部。平等是指企业要平等地对待所有应聘者，要做到一视同仁，不能人为地制造各种不合理的限制条件（如性别、年龄限制等），保证符合条件的人员都能参与招聘流程。选拔公正指招聘过程中，要依据统一明确的标准和流程进行选拔，确保所有应聘者在相同的规则下接受评估，杜绝"走后门""拉关系"等不公平现象。这样应聘者才能通过公平竞争得到录用，也能激励企业形成积极向上的文化氛围。

2.1.2.2 效率优先原则

效率优先原则是指企业以最低的招聘费用录用到最适合岗位的应聘者。如何使企业以尽可能低的招聘成本，高质量、高效率地完成招聘工作，是每个企业需要思考的重要问题。因此，企业需要优化招聘渠道、合理安排招聘流程等。

2.1.2.3 能岗匹配原则

组织招聘工作的根本目标是要实现应聘者与岗位的合理匹配。一方面，能岗匹配可使企业招聘到真正符合岗位要求的人才，减少人员流动，降低因招聘失误带来的成本。另一方面，员工在与自身能力匹配的岗位上工作，更易发挥优势，获得成就感，有利于其职业发展，也能提高工作满意度和忠诚度。因此，招聘一定要从专业、能力、特长、个性特征等方面来衡量人员与岗位之间是否匹配。

2.1.2.4 合法原则

合法原则是指企业在招聘全过程中，所有程序和工作要符合相关法律法规，同时要遵守社会道德机制。比如，不得发布虚假招聘广告，不以欺骗、胁迫等手段与应聘者建立雇佣关系等。

2.1.3 招聘流程

招聘是企业人力资源管理中的一个重要环节，涉及从确定招聘需求到最终录用人才的全过程。招聘流程大致分为以下步骤：制订招聘计划、确定招聘策略、发布招聘信息、人员甄选、人员录用与试用、招聘评估。

2.1.3.1 制订招聘计划

招聘计划是企业为了满足自身发展需求，在一定时期内，对招聘工作进行的全面、系统的规划与安排。按照人力资源规划，如果企业的人力资源出现了缺口，就应当依据职位分析结果来制订招聘计划。招聘计划流程需要经过人力资源规划和工作分析等阶段确定，如图2.2所示。

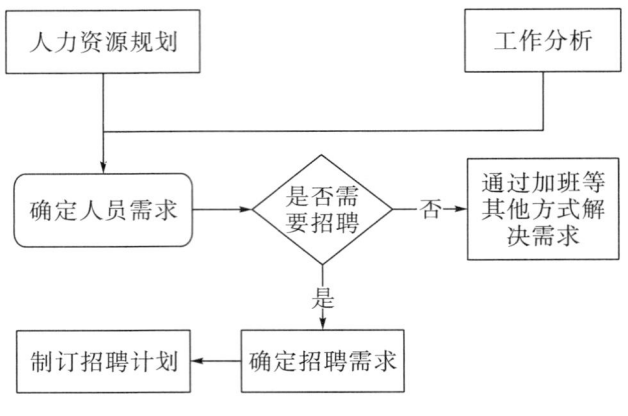

图 2.2 招聘计划流程图

（1）确定招聘需求。招聘计划是在企业有招聘需求的基础上产生的，招聘需求是在人力资源规划和职位分析的情况下产生的。因此，确定招聘求首先需要以企业的战略目标和人力资源规划为基础，明确需要招聘的岗位及其职责、任职资格等，确定人员需求，进而判断是否需要通过招聘解决人员缺口。部分人员需求可以通过加班延长劳动时间、外包等方式解决，如果综合评估发现不能解决人员缺口，则确定具体的招聘需求。招聘需求审批流程如图2.3所示。

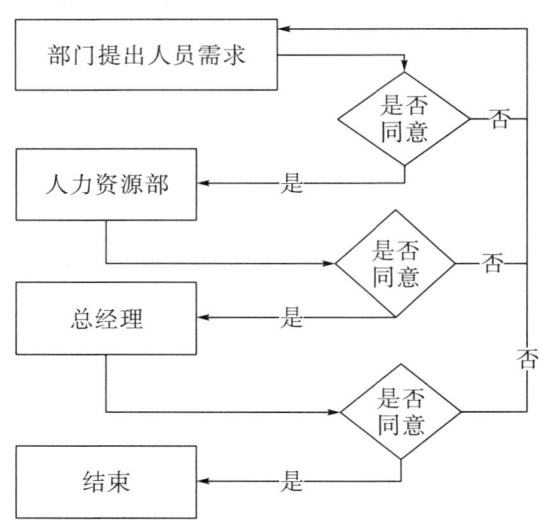

图 2.3 招聘需求审批流程

（2）制订招聘计划。完整的招聘计划包括招聘目标、招聘岗位、招聘人数、招聘时间进度，选择合适的招聘渠道，规划招聘所需的费用，并制定评估招聘效果的标准等,以确保招聘工作能够高效、有序地进行,为企业招聘到符合需求的人才,保障企业的正常运营和持续发展。

2.1.3.2 确定招聘策略

招聘策略是为了实现招聘计划而采取的具体措施,在正式执行招聘方案前,要将具体的策略考虑清楚,并写进招聘计划中。具体工作包括招聘队伍的组建、招聘时间和地点的确定、招聘渠道的选择、招聘的宣传策略和招聘费用的估算。

(1) 招聘队伍的组建。不同情况下的招聘队伍应由不同的人员组成,一般来说,招聘组成人员应包括人力资源部门的主管、招聘岗位的同事及需要引入人才的部门主管等。

(2) 招聘时间的选择。通常招聘时间为用人时间减准备周期,其中准备周期包括新人培训周期和招聘周期两部分:

$$招聘时间=用人时间-准备周期=用人时间-培训周期-招聘周期$$

其中,培训周期指新招员工进行上岗培训的时间;招聘周期指从开始报名、确定候选人名单、面试到最后录用的全部时间。

(3) 招聘地点的选择。为了节省费用,企业应将其招聘的地理位置限制在最能产生效果的劳动力市场上。在地域选择上,要根据人才分布规律、应聘者活动范围、人力资源供求状况及招聘成本等来确定。一般来说,高级管理人员倾向于在全国范围内招聘,中级管理人员和专业技术人员通常在跨地区的劳动力市场招聘,操作人员和办事人员常常在企业所在地的劳动力市场招聘。企业之所以在这样的地理范围内进行招聘,是因为在不同范围市场提供的劳动力素质是不同的。

(4) 招聘渠道的选择。任何一种确定的招聘方案,都应对应聘者的来源渠道以及企业应采取的招聘方法做出选择,这是招聘策略中的主要部分。

(5) 招聘的宣传策略。无论是将招聘看作补充人员的重要渠道,还是将其视作企业宣传的契机,招聘的宣传都是一项十分重要的工作。企业应通过高效率的宣传,树立良好的形象去吸引应聘者。

(6) 招聘费用的估算。一般来说,招聘费用应考虑以下几项费用:①招聘渠道费用,指支付给各种招聘渠道的费用,包括需要渠道支持及完全外包的费用,如广告费、场地费等。②参与招聘工作的人工成本,主要是支付给招聘人员的工资、福利、差旅费、加班费等。③招聘、筛选流程管理成本,如资料费用、耗材费用、通信费、临时租用设备费用、应聘者的体检及入职相关费用等。④错误决策所导致的额外费用,如错误录用所导致的重新招聘等费用。

2.1.3.3 发布招聘信息

招聘信息通常包含五个方面内容：①公司简要介绍，包括名称、主要业务、规模、获得荣誉、理念与愿景等。这部分可以主要强调优势，如上市计划、创始人、公司业绩等。②职位综合信息，包括职位名称、招聘人数、工作内容、工作地点等。③职位具体要求，包括年龄、学历、专业、工作时间、工作经验、行业背景等，即"职位说明书"中的任职资格。④职位薪酬福利，包括提供的薪资范围、福利等。⑤其他补充信息，如一些特殊要求、联系人、联系方式、交通信息等。

2.1.3.4 人员甄选

人员甄选是指企业在招聘工作中，运用各种科学的方法和手段，对应聘者进行审查、比较、评估，从中选出符合企业岗位要求的人员的过程。其目的是从众多应聘者中挑选出最适合特定岗位和企业发展需求的人，确保企业能够获得高质量的人力资源，提高组织绩效，促进企业的可持续发展。这一环节通常会通过面试、专业测试和其他测试等方式进行。人员甄选流程会通过用人部门和总经理两个层级，如图 2.4 所示。

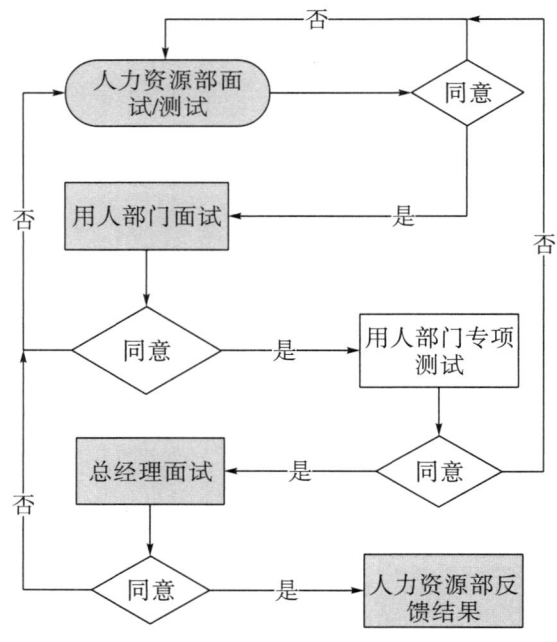

图 2.4 人员甄选流程图

2.1.3.5 人员录用与试用

多数情况下,通过甄选阶段后,多数企业在招聘时还会有员工试用环节。在决定试用前会与应聘者签订试用期合同,并向其发出试用的通知。通知中一般要写明新员工的上班时间、地点和报到方式,并说明如何办理相关手续。对于试用期合格的人员,企业应当与其签订正式劳动合同,办理转正、相关保险、人事档案组织关系等手续。

2.1.3.6 招聘评估

招聘评估是对招聘过程进行总结和评价,并将有关资料整理归档。涉及的工作有对招聘的成本和效益进行评估,对招聘人员的能力、技巧和工作成效进行评估,对招聘、选拔方法和技术有效性进行评估等。

2.2 招聘渠道

根据员工的来源,可以将企业获得人力资源的途径分为两种:一是内部招聘,二是外部招聘。一般来说,内部招聘在时间、招聘成本方面都比较具有优势,因此当企业出现职位空缺时,会首先考虑内部招聘,尤其是管理人员,大部分都从企业内部晋升。但是,如果企业内部挑选不到合适的人选,则选择外部招聘。

2.2.1 内部招聘

内部招聘是指通过内部晋升、工作调换、工作轮换、人员重聘等,从企业内部人力资源储备中选拔出合适的人员补充到空缺或新增的岗位上。

2.2.1.1 优点

(1) 成本低、效率高。首先,招聘成本低,企业无须支付广告宣传、中介机构等费用,也可节省大量用于筛选简历、组织多轮面试的人力、物力和时间成本。其次,与从外部招聘的新员工相比,现有的员工更加了解和熟悉企业的运作模式、业务流程、人际关系等,因而能够更快和更好地适应新工作,缩短了入职后的适应期,更快地进入工作状态,提高工作效率。

（2）有利于激励员工与提升员工忠诚度。内部招聘为内部员工提供晋升和发展机会，能激励员工努力工作，提升员工工作积极性和创造力，形成积极向上的工作氛围，让员工看到自己在企业中有明确的职业发展路径，增强他们对企业的归属感和忠诚度。同时，内部招聘可以减少员工的流失率，维持团队的稳定性。

（3）招聘风险小。内部招聘中，企业对内部员工的工作能力、业绩表现、性格特点等方面有较为全面和准确的了解，能够更精准地判断其是否适合新的岗位，降低信息不对称导致的用人风险，有利于提高招聘成功率。同时，内部员工已经接受并适应了企业文化，与企业价值观更加契合，能够更好地传承和弘扬企业文化理念，在工作中更符合企业文化要求，减少文化差异带来的冲突和不适应。

2.2.1.2　缺点

（1）人才选择范围局限，导致企业封闭。首先，企业内部的人才数量和类型相对固定，可能无法满足某些岗位对特殊专业技能或创新思维的需求。当企业需要开拓新业务、引入新的技术或理念时，内部可能缺乏具有相关经验和能力的合适人选。其次，长期依赖内部招聘，可能导致企业内部形成相对固定的人才群体和思维模式，缺乏外部新鲜血液的注入，容易产生"近亲繁殖"现象，使企业的创新能力和适应市场变化的能力下降。

（2）容易激发内部竞争与矛盾。内部招聘意味着有限的晋升机会在内部员工之间竞争，可能会引发员工之间的过度竞争，破坏团队和谐氛围，导致同事关系紧张，甚至出现恶性竞争，影响工作效率和团队凝聚力。而对于那些参与内部招聘但未被选中的员工，可能会感到失望、沮丧，甚至对自己在企业中的发展前景产生怀疑，从而影响工作积极性。如果处理不当，还可能导致部分优秀员工的流失。

（3）存在思维定式，容易抑制创新。内部员工长期在企业的特定环境和工作模式下工作，容易形成思维定式和工作方法。同时角色转化不易，在新岗位上，他们可能会过度依赖以往的经验，缺乏创新意识和突破传统的勇气，难以带来新的思路和方法，不利于企业在不断变化的市场环境中进行创新和发展。另外，内部招聘的员工可能与原来的管理体系、工作流程等有较深的关联，在推动企业变革和创新时，可能会因为各种关系和习惯的束缚，面临较大的阻力，难以有效地实施新战略和新举措。

（4）容易出现不公正的现象。内部选拔有可能是依据资历、人际关系等，而非考虑员工的工作业绩、能力素质等。因此，容易在组织内形成不正之风，给有能力的员工的职业生涯发展设置障碍，从而导致优秀人才被埋没或外流，削弱企业的竞争力。

2.2.1.3 内部招聘的方法

（1）职位公告。职位公告是企业进行内部招聘时，向员工发布有关职位信息的一种正式文件。职位公告是企业内部招聘人员的普通方法。职位公告应该包括职位责任、义务、任职资格、工资水平及其他相关信息（如公告日期、截止日期、申请的程序、联系电话、地点和时间等）。对于内部招聘的职位公告，通常会发布在企业内部办公系统（如 OA 系统）、内部公告栏、企业微信群组等内部沟通平台上，确保企业内部员工能够及时、便捷地获取职位信息，激发员工的内部流动积极性，促进员工的职业发展。

（2）内部晋升。内部晋升也是企业内部招聘时的方法之一，包括职级的晋升和职务的晋升。这种晋升意味着员工将承担更多的责任，拥有更大的权力，同时通常伴随着薪资和福利的提升。这种方法能激励员工、提升员工忠诚度，但如果操作不好，也可能引发内部矛盾。所以内部晋升的基础是建立一套完整、系统的职位管理和员工职业生涯规划管理体系。

（3）利用员工技能档案。内部招聘的另一种方法是利用员工技能档案中的信息。随着计算机的普及，建立了员工技能档案数据库的企业越来越多。技能档案包括员工的资格、技能、智力、经历、体力、教育和培训等方面信息，而且这些信息经常更新，能够很全面和及时地反映员工的最新技能状况。这些信息不仅能够帮助决策者获得有关职位应聘者的有关信息，而且可以帮助企业发现那些具备相应资格但未提出申请的员工。

2.2.2 外部招聘

外部招聘是指通过在媒体或外部招聘平台发布招聘信息，寻找符合企业需要的人选来填补岗位空缺。外部招聘能为企业带来最广泛的人力资源选择，当企业在激烈竞争环境中或外部环境发生剧烈变化时，应优先考虑从外部招聘人才。外部招聘不仅是筛选合适人选的过程，还是打造企业形象的手段之一。通过媒体、招聘平台等向社会传播企业的用人理念，让更多潜在候选人认识企业，了解企业。

2.2.2.1 优点

(1) 有利于引入新鲜血液,为企业带来新视角,提升创新思维。外部招聘能够为企业带来不同行业背景的人才,新员工可以将其他企业或领域的先进知识、技术和管理理念引入企业。他们具有不一样的思维方式和工作经验,能够从全新的角度看待问题,为企业提供新的思路和方法,有助于企业在产品研发、市场拓展、管理模式等方面进行创新。

(2) 扩大人才选择范围,有助于获取优秀人才。企业通过外部招聘可以接触到大量来自不同地区、不同教育背景、不同工作经验的人才,有更多机会找到具备特殊技能、专业知识或丰富经验的人才。大量的选择范围可以带来更多的优秀人才,提高企业选中优秀人才的概率。

(3) 有助于缓解内部竞争压力。一方面,可以避免内部冲突。当企业有空缺岗位时,如果全部通过内部晋升来填补,可能会导致内部员工之间的竞争过于激烈,甚至引发矛盾和冲突。外部招聘可以在一定程度上缓解这种内部竞争压力,保持企业内部的和谐氛围。另一方面,可以平衡内部关系。外部招聘的新员工与企业内部员工之间没有复杂的人际关系网络,能够更加客观公正地开展工作,有助于打破企业内部可能存在的利益固化和小团体现象,促进企业内部的公平竞争和健康发展。

(4) 有助于企业避免过度使用内部不成熟的人才。企业在内部招聘时容易出现以次充优和过度使用内部不成熟人才的弊端,而外部招聘能够使企业根据能岗匹配的原理招聘合格人才,规避了过度使用内部不成熟的人才。

(5) 有利于给内部员工施加压力和动力。通过外部招聘筛选的优秀人才无形中会给现有员工产生压力,使之形成危机意识,有利于促使所有员工共同进步。

2.2.2.2 缺点

(1) 招聘风险较高。一方面,企业与应聘者之间存在信息不对称的情况。外部招聘时,对外部人员的录用多取决于应聘者的简历和面试表现,对他们的了解程度不够,企业难以在短时间内全面、准确地掌握应聘者的真实情况,可能导致聘用的人员与岗位要求不匹配,影响企业的正常运营。另一方面,背景调查有局限。尽管企业可以进行背景调查,但调查范围和深度有限,难以获取应聘者的全部信息,如在原单位的人际关系、潜在的职业道德问题等,这增加了招聘决策的风险。

（2）成本投入较大。一方面，直接招聘成本高。外部招聘需要企业投入大量的人力、物力和财力。另一方面，间接成本较大。新员工入职后，如果不能快速适应工作和融入团队，可能会导致工作失误、项目延误等问题，给企业带来间接损失。此外，企业还需要投入时间和精力对新员工进行培训和指导，这也增加了企业的人力成本和管理成本。

（3）影响内部员工积极性。一方面，内部员工的晋升机会受限。大量外部招聘可能会让内部员工感到晋升机会减少，自己的职业发展受到限制，从而降低工作积极性和对企业的忠诚度。另一方面，内部员工觉得内部公平性受到挑战。如果外部招聘的人员在薪酬待遇、职位安排等方面与内部员工存在较大差异，可能会引发内部员工的不满情绪，影响内部的公平感和团队士气，不利于企业的稳定发展。

（4）适应与融入相对困难。外部招聘的人员需要一定时间来适应新的工作环境、企业文化。不同企业有不同的工作流程、沟通方式和管理风格，新员工可能会在初期感到不适应，影响工作效率和工作质量。同时，外部招聘的员工尤其是"空降管理者"的加入可能会招致现有员工的不合作或敌视，导致工作难以开展。

2.2.2.3 外部招聘的方法

（1）广告招聘，指通过广播、报纸、电视等传统媒体或网络媒体宣传企业的就业需求信息。

传统媒体广告包括报纸、杂志、电视、广播等。报纸广告可以在当地发行量较大的报纸上刊登，根据不同的版面和位置，能吸引不同层次和类型的应聘者。杂志广告适合针对特定专业或特定受众群体的招聘，如行业杂志可吸引该行业的专业人才。电视和广播广告能以声音和图像的形式，更生动地传达招聘信息，能广泛吸引应聘者，尤其是对品牌宣传有需求的企业。

现如今，在招聘网站、企业官网、社交媒体平台等网络渠道投放招聘广告更是企业的常用方法。招聘网站拥有大量的应聘者用户，企业可以根据职位需求选择合适的平台发布广告，精准匹配人才。企业官网的招聘页面也是展示企业形象的重要窗口，能让应聘者更全面地了解企业。利用社交媒体平台可以发布图文、视频等形式发布招聘广告。凭借这些平台强大的传播属性，招聘信息得以迅速扩散，可极大限度地拓宽企业人才招募的范围。

（2）中介机构推荐。中介机构包括各种职业介绍所、人才交流中心、各级教育机构、行业工会及猎头公司等。人才市场通常会根据不同的行业、职位类型等组织专场招聘会，为企业和应聘者提供面对面交流的机会。对于高端人才和稀缺人才的招聘，企业会委托专业的猎头公司。猎头公司有专业的人才搜索团队和广泛的人才网络，能够深入了解市场上的人才动态，根据企业的需求，主动寻找、挖掘符合条件的候选人，并对候选人进行背景调查、面试评估等，为企业提供高质量的人才推荐服务。

（3）校园招聘。校园招聘有高校宣讲会、校园双选会等形式。企业到高校举办宣讲会，向即将毕业的大学生介绍公司的基本情况、企业文化、发展前景、招聘职位和要求等信息。在宣讲会现场，企业会收集学生的简历，进行初步沟通和筛选，为后续面试选拔做准备。高校组织的校园双选会，是与各企业一起在校园内设置招聘展位，与学生进行面对面的交流和洽谈。

（4）人员推荐。人员推荐是指在职位需求存在时，通过相关推荐来满足人力资源需求，可分为熟人推荐和同业推荐两种情况。熟人推荐是本企业员工的朋友、同学、亲戚等为推荐人选。这种方式可以大大节省招聘费用和时间。同业推荐是指与企业有紧密业务往来或与有良好关系的企业间相互推荐人力资源。这种方式所推荐的人员一般素质满足要求，可减少招聘工作量。

2.2.3 招聘渠道的选择

企业在选择招聘渠道时，要综合考虑多方面的因素。

（1）从企业发展阶段来看，不同的时期有不同方式。

在初创期，企业通常需要大量新鲜血液来搭建团队，拓展业务，此时外部招聘更为重要，能够引入具有不同专业背景和经验的人才，快速构建企业的核心团队，为企业发展奠定基础。在成长期，企业快速发展，既需要内部员工的成长和晋升来稳定团队，又需要从外部招聘专业人才和管理人才，以满足业务扩张和管理升级的需求，因此内部招聘和外部招聘需要结合使用。在成熟期，企业发展相对稳定，内部人才储备较为丰富，此时可以优先考虑内部招聘，以激励员工、降低成本，同时适当进行外部招聘，引入新的理念和技术，保持企业的创新活力。在衰退期，企业需要进行变革和转型，可能更依赖外部招聘，引入具有创新能力和转型经验的人才，为企业带来新的发展思路和方向。

（2）从岗位需求特点来看，不同岗位有不同的选择。

针对高层管理岗位，如果企业需要引入新的战略思维和管理模式，可能更倾向于外部招聘，从外部寻找具有丰富行业经验和成功案例的高级管理人员；如果企业注重内部文化传承和稳定发展，也可以从内部培养和选拔有潜力的管理人员。针对专业技术岗位，对于一些技术含量高、专业性强的技术岗位，如研发工程师、高级设计师等，当企业内部缺乏相关专业人才时，通常需要通过外部招聘来获取具有专业技能和最新技术的人才；对于一些基础的技术岗位，企业可以考虑从内部培养，以提高员工的忠诚度和归属感。针对普通操作岗位，对技能和经验要求相对较低，企业可以根据自身情况选择内部招聘，从其他岗位调配人员，或通过外部招聘临时工、兼职人员等方式来满足需求。

（3）从人才市场状况来看，市场供应不同，侧重点也有区别。

当人才市场供大于求，企业有更多选择时，可以适当增加外部招聘的比例，严格筛选出符合企业要求的优秀人才。当人才市场供小于求时，企业更多地需要依靠内部招聘，挖掘内部员工的潜力，同时加强雇主品牌建设，提高企业的吸引力。

（4）从企业文化特点来看，开放创新型和稳定传承型也会有不同的选择。

开放创新型企业文化，通常更欢迎外部人才的加入，这些人才能够带来不同的思维方式和创新理念，促进企业的创新发展。稳定传承型企业文化，更倾向于内部招聘，以保持企业内部文化的一致性和稳定性，通过内部员工的晋升和传承，延续企业的传统和价值观。

2.3 人员甄选

2.3.1 人员甄选概述

人员甄选就是根据组织招聘的目的，对比招聘条件对应聘者进行筛选的过程。这一环节的技术性较强，需要运用多种方法。

人员甄选的质量取决于每一步细分工作的质量。

（1）资格审查。这是人员甄选的初始环节。资格审查由人力资源部门通过审阅应聘者的个人资料或应聘申请表来判断应聘者是否符合职位的基本要求。审查内容包括应聘者的学历、工作经历、技术职称、健康状况等。

（2）初选。初选一般由用人部门完成，有时也由人力资源部门代为执行，主要是从符合资格的应聘者中选出参加面试的人员。在初选过程中，负责人会依据岗位说明书中明确的各项要求，对应聘者的简历进行细致梳理。完成初选后，用人部门和人力资源部门将筛选出的候选人名单进行汇总与整理。对于确定进入面试环节的人员，及时通过电话、邮件或短信等方式发出面试邀约。邀约信息包括面试的时间、地点、形式及需提前准备的材料。同时，要为应聘者预留一定的时间来确认是否能够参加面试，以便及时调整安排。

（3）面试。面试是人员甄选过程中的关键环节，旨在通过直接交流深入了解应聘者，判断其是否适合目标岗位。面试通常由用人部门和人力资源部门共同参与。对于高层管理人员和技术人员的招聘，有时还会外聘人力资源专家参与。为了确保面试的有效性和准确性，在面试前，参与人员要共同制订详细的面试计划，明确面试的流程、问题清单、评分标准及每个面试官的侧重点。例如，针对不同类型的岗位，设计相应的结构化面试问题，从专业技能、解决问题能力、沟通能力等维度进行评分。同时，准备一些开放性问题，以挖掘应聘者的潜力和独特优势。

（4）测评。测评作为人员甄选过程中的重要一环，能够在面试的基础上，进一步深入挖掘应聘者的内在特质，剔除应聘者资料和面试中的一些"伪信息"，提高录用决定的准确性，为企业选拔出最适合岗位需求的人才，助力企业的长远发展。测评通常包括能力测评、性格测评、情景模拟测评等，这是人员甄选过程中技术性最强的部分。

（5）体检。对于通过前面环节的应聘者，要通过体检确保其身体状况符合岗位要求。如餐饮行业，要求从业者身体健康，无传染性疾病；对体力有要求的岗位，要检查应聘者的身体素质是否能适应实际工作强度。

（6）背景调查。通过应聘者提供的证明人或其他渠道，对其工作经历、教育背景、职业操守等情况进行核实。比如，向前雇主了解应聘者的工作表现、离职原因、薪资待遇等信息，确保应聘者提供的信息真实可靠。

（7）录用决策。综合考虑应聘者在各个甄选环节的表现，结合岗位需求和企业发展战略，做出最终的录用决策。确定录用人选后，向其发放录用通知，告知入职时间、地点、所需材料等信息。对未被录用者，也应以恰当方式表达感谢并说明结果。

2.3.2 人员甄选方法

2.3.2.1 初选

简历初选是一个快速进行信息匹配的过程。通常有以下几步：
①初筛。利用第三方招聘平台、邮件的筛选功能进行初筛。如设置职位名

称、工作年限、行业、学历、更新时间、求职状态、薪资期望值等条件进行筛选。

②二筛。用重点信息匹配法进行二筛。在初筛的基础上，对简历的重点信息进行匹配，这是对简历的符合程度进行比初筛更为细致的判断。

③终筛。用特殊信息关注与标注的方法进行终筛。通过初筛和二筛，对应聘者简历与职位需求的匹配度有了主要的判断，最后要用特殊信息关注与标注进行终筛，确定是否进入面试环节。

2.3.2.2　笔试

笔试是通过书面形式对应聘者进行知识、技能和能力等方面的考查。通常要求应聘者在规定时间内，按照一定的规则和要求，进行书面作答，以展示自己的知识储备、思维能力和解决问题的能力等。一般来说，笔试的内容包括相关专业知识、素质能力和兴趣等的考查。笔试按内容分为技术性笔试和非技术性笔试两大类。

（1）技术性笔试。主要针对研发型和技术类岗位的应聘者，这类岗位的特点是：对于相关专业知识的掌握要求比较高，题目主要是涉及工作需要的技术性问题，专业性较强。

（2）非技术性笔试。较为常见，对于应聘者的专业背景要求相对较宽松。非技术性笔试的考察内容相当广泛，除常见的英文阅读和写作能力、逻辑思维能力、数理分析能力外，还会涉及时事政治、生活常识，情景演绎，甚至智力测试等。

2.3.2.3　面试

面试指面试官与应聘者之间面对面的交流沟通活动，通过观察、提问、倾听等方式，对应聘者的综合素质、工作能力、个性特点、求职动机等进行全面考察和评估，以确定应聘者是否适合企业所招聘的岗位。

面试具有以下特点：

（1）直接性。面试官与应聘者面对面交流，能够直接观察和感受应聘者的表现，获取最直观的信息，这是其他人员甄选方式无法替代的。

（2）灵活性。面试官可以根据应聘者的回答和现场表现，随时调整问题的方向和深度，进一步挖掘应聘者的信息，更全面地了解应聘者。

（3）综合性。不仅考察应聘者的专业知识和技能，还对其沟通能力、人际交往能力、情绪管理能力等综合素质进行评估，从多个维度判断应聘者是否适合岗位。

(4) 主观性。面试结果在很大程度上依赖于面试官的主观判断，不同的面试官可能对同一应聘者有不同的评价，存在一定的主观性和不确定性。

面试按照不同的分类标准有不同的类型，下面主要介绍两种分类标准。

(1) 从面试的组织形式来看，分为结构化面试、非结构化面试和半结构化面试。

结构化面试是依据预先设定的标准程序、问题及评分标准对应聘者进行评估。所有应聘者面对相同问题，确保公平性与一致性。结构化面试的优点在于结果客观、可比性强，能有效避免面试官的主观判断，适用于大规模招聘。其缺点是形式较刻板，收集的信息有限。

非结构化面试没有固定问题与流程，面试官依据应聘者简历及现场表现自由提问，谈话氛围更加轻松、自然。非结构化面试的优点在于能充分了解应聘者思维、应变及沟通能力，挖掘潜在特质。其缺点也比较明显，面试结果易受面试官个人喜好与偏见影响，不同应聘者的面试结果可比性差。

半结构化面试是结合结构化面试与非结构化面试特点，既有预先准备的固定问题，也允许面试官根据应聘者表现临时发问。半结构化面试的优点在于兼具结构化面试的公平性与非结构化面试的灵活性，既能全面考察通用能力，又能深入了解应聘者的经历与能力。缺点是对面试官要求较高，评分可能存在一定主观性。

(2) 从面试考察的内容来分，可分为压力面试、BD面试（Behavioral Description Interview，行为描述面试）和能力面试。

压力面试是一种特殊的面试形式，面试官有意给应聘者营造紧张、充满压力的氛围，通过提出尖锐、具有挑战性的问题，甚至质疑、否定应聘者的回答，观察应聘者在压力情境下的反应，测试其应变能力、抗压能力、情绪稳定性及思维的敏捷性。其目的在于筛选出能够在高压力、高负荷工作环境中保持冷静、有效应对各种突发问题和挑战的人才。压力面试通常通过直接质疑、设置两难问题或打断对方谈话并追问等方式进行。比如，如果你的上级领导要求你在一天内完成一项超出你能力范围的紧急任务，同时你又需要协助同事完成一个重要的会议准备工作，你会怎么做？这类问题考验应聘者在压力下的决策能力和解决复杂问题的思维方式。

BD面试，基于"过去的行为是未来行为的最佳预测指标"这一理论，通过让应聘者描述过去在工作、学习或生活中所经历的具体事件，来了解其在特定情境下的行为表现、思维方式和所具备的能力素质，从而预测其未来在目标岗位上的表现。目的是获取应聘者真实的行为事例，以准确评估其与岗位要求的匹配度。通常的提问方式有STAR原则提问和关键事件提问。STAR原则即Situation（情境）、Task（任务）、Action（行动）和Result（结果）。例如："请讲一次你在之前工作中遇到的客户投诉的情境（Situation），当时你负责处理这个投诉，任务（Task）是什么？你采取了哪些具体行动（Action）？最终结果（Result）如何？"通过四个方面的追问，全面了解应聘者在该事件中的完整行为过程。关键事件提问是针对目标岗位所需的关键能力，询问相关的具体事件。比如，招聘项目经理时提问："请描述一次你成功带领团队按时完成一个高难度项目交付的经历。"从而了解应聘者在项目管理方面的实际能力。BD面试通过追问细节，能获得更多真实有效的信息，从而深入了解应聘者过去在类似工作场景中的实际表现，以更准确地判断其能否胜任目标岗位。

能力面试聚焦于应聘者的专业知识与技能、通用能力（如沟通能力、团队协作能力、学习与适应能力等），旨在确定应聘者是否具备胜任目标岗位工作的专业能力和综合素质。通过能力面试，企业可以筛选出在专业知识、技术技能、沟通能力、团队协作能力等方面符合岗位要求的人才。能力面试广泛应用于各类岗位招聘，尤其是对专业技能要求较高的技术岗位及对综合能力要求全面的管理岗位。

2.3.2.4 心理测验

（1）职业能力倾向测验。

①一般能力测验。主要用于测量个体的思维能力、想象能力、记忆能力、推理能力、分析能力、数学能力、语言能力等。

②特殊职业能力测验。针对某一特定领域的能力进行测量。测试的目的在于测量已具备工作经验或受过有关培训的人员在某些职业领域中现有的熟练水平，如文书能力测验，侧重于测评文字处理、数据录入、资料整理等能力，适合行政、秘书等岗位的筛选。

（2）人格测验。

①自陈式量表。让应聘者根据自己的实际情况，对一系列描述性格特征的陈述句进行选择或判断。例如，明尼苏达多相人格测验（MMPI），包含566个题目，涉及身体、精神、家庭、社会等方面，可鉴别出多种心理异常和人格障碍；卡特尔16种人格因素问卷（16PF），从16个相对独立的人格维度对个体进行描述，能够了解个体的性格特点和行为倾向，为职业规划、人员选拔提供参考。

②投射测验。向应聘者提供一些意义模糊的刺激情境，让其在不受限制的情况下自由反应，从而推断其人格特征。如罗夏克墨迹测验，通过让应聘者观察一系列墨迹图并说出联想到的内容，分析其反应特点来了解人格结构；主题统觉测验（TAT），要求被试者根据呈现的图片讲述一个故事，从故事内容中挖掘其内心动机、需求和冲突。

2.3.2.5 评价中心技术

（1）无领导小组讨论。将多名应聘者组成小组，不指定领导，就给定的问题展开讨论。面试官观察每个成员的沟通能力、团队协作能力、领导能力、问题解决能力等。

（2）角色扮演。设定一个与工作相关的模拟场景，让应聘者扮演其中角色，处理相关事务。比如，模拟销售场景，应聘者扮演销售人员，与扮演客户的工作人员进行沟通，完成产品推销任务。通过观察应聘者在模拟场景中的言行举止、应变能力、人际关系处理能力等，评估其是否具备目标岗位所需的能力。

（3）公文筐测试。将应聘者置于特定的管理岗位情境中，要求其在规定时间内处理一系列文件，如报告、信函、请示等公文。通过分析应聘者处理公文的方式、决策思路、时间管理等方面，评估其计划组织能力、分析判断能力、沟通协调能力等管理能力。

2.4 人员录用

人员录用是企业人力资源管理中的关键环节，是从通过人员甄选的候选人中确定最终录用人员，并使其顺利入职的过程。

2.4.1 人员录用原则

（1）因事择人原则。

组织录用员工时，要以岗位需求为出发点，根据工作的实际需要选择具备相应知识、技能和能力的人员，确保岗位与人员的适配性。例如，招聘财务分析师，应选拔具备财务专业知识、数据分析能力强的人员，而非单纯根据个人喜好或关系录用。

（2）用人所长原则。

组织应关注候选人的优势与特长，将其安排到能充分发挥长处的岗位，实现人才价值最大化。例如，沟通能力强、善于协调的员工安排在项目管理岗位，发挥其组织协调优势。

（3）公平竞争原则。

整个录用过程遵循公平、公正、公开的原则，为所有候选人提供平等机会，通过公平竞争选拔人才。从发布招聘信息、筛选简历到面试、测评，每个环节都应确保标准一致，杜绝暗箱操作和不公平竞争行为。

（4）全面考察原则。

组织录用时应综合考量候选人多个方面，不仅关注专业技能与知识，还考虑综合素质，如沟通能力、团队协作能力、学习能力、应变能力等；不仅要具备专业才能，还要有良好的品德修养。

2.4.2 人员录用流程

人员录用一般包括人员录用决策、签订试用合同、员工安排与试用、正式录用。

（1）人员录用决策。人员录用决策是在人员甄选的基础上进行的，主要包括公布录用名单、通知体检。

（2）签订试用合同。这一环节主要是确定最终到岗者，发放录用通知，同时通知拒聘者。然后与到岗者签订试用合同。试用合同包括试用的职位、期限、员工在试用期的报酬与福利等。

（3）员工安排与试用。员工进入企业后，企业要为其安排合适的职位，一般来说，按招聘要求和应聘者的意愿来安排。试用是对员工的能力与潜力、个人品质与心理素质的进一步考核。

（4）正式录用。试用期满，且试用合格后，就可正式录用并签订正式的合同。员工正式录用与否主要由员工试用期的表现来决定。正式录用过程包括员工试用期的考核鉴定、正式录用决策、签订正式录用合同、确定员工相应待遇、制订员工发展计划等。

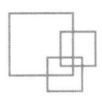

2.5 招聘评估

2.5.1 招聘评估作用

招聘评估是企业对招聘活动进行全面审查和分析的过程，旨在衡量招聘工作的成效，为后续招聘工作提供改进依据，提升招聘质量与效率。

（1）提高招聘质量。

通过招聘评估，发现招聘过程中存在的问题，如筛选标准不合理、面试方法不当等，及时调整优化，从而选拔出更符合岗位要求和企业发展的人才，提升企业整体招聘质量。

（2）降低招聘成本。

准确核算招聘成本，分析各项费用的投入产出比，合理调整招聘渠道和方法，提高招聘资源的利用效率，降低企业招聘成本。

（3）有助于优化招聘流程。

对招聘流程进行全面审查，发现烦琐、低效环节，对其进行优化和改进，从而提高招聘工作效率，缩短招聘周期，满足企业快速用人需求。

（4）为人力资源规划提供依据。

招聘评估结果能反映企业人力资源需求与供给的匹配情况，为企业制订后续人力资源规划提供依据，使企业更科学地预测人才需求，合理安排招聘计划。

2.5.2 招聘评估内容

2.5.2.1 招聘成本、效益评估

（1）招聘成本。

其分为招聘总成本和单位招聘成本。招聘总成本包括直接成本（如招聘广告费用、中介费用、场地租赁费用等）和间接成本（如参与招聘人员的工资、福利等）。可通过核算招聘总成本来评估招聘活动的经济性。单位招聘成本由招聘总成本除以录用人数，用于衡量招聘单个员工的平均成本。这一指标越

低，表明在保证招聘质量的前提下，招聘成本控制越好。

（2）成本效用评估。

计算招聘过程中各项费用的支出，将这些费用与招聘人员数量进行对比，计算出单位招聘成本。通常有以下几个指标进行评估：

$$招聘总成本效用 = 录用人数 \div 招聘总成本$$
$$招聘成本效用 = 应聘人数 \div 招聘期间的费用$$
$$人员选拔成本效用 = 被选中人数 \div 选拔期间的费用$$
$$人员录用成本效用 = 正式录用人数 \div 录用期间的费用$$

（3）招聘收益成本比。这既是一项经济评价指标，也是对招聘工作有效性进行考核的一项指标。招聘收益成本比越高，说明招聘工作越有效。

$$招聘收益成本比 = 所有新员工为组织创造的总价值 \div 招聘总成本$$

2.5.2.2 招聘渠道评估

分析不同招聘渠道（如网络招聘平台、校园招聘、内部推荐、猎头公司等）的效果。统计各渠道收到的简历数量、合格简历比例、最终录用人数等数据。例如，企业通过网络招聘平台招聘了 10 名员工，招聘过程中总共花费了 20000 元，那么单位招聘成本就是 2000 元。通过对比不同招聘渠道的单位招聘成本，企业可以评估哪种渠道经济有效。

2.5.2.3 招聘效果评估

（1）录用人员评估。

录用人员评估就是根据企业招聘计划和招聘岗位的工作分析，对所录用人员的质量、数量和结构进行评价。在招聘工作结束后，对录用人员进行评估是一项十分必要的工作，尤其是大规模的招聘活动，更要重视录用人员评估。一般有以下几个指标：

$$应聘比 = 应聘人数 \div 计划招聘人数$$
$$录用比 = 录用人数 \div 应聘人数$$
$$招聘完成比 = 录用人数 \div 计划招聘人数$$
$$录用合格比 = 录用人员胜任工作人数 \div 实际录用人数$$

（2）招聘人员评估。

招聘人员评估是对招聘结果的评估，体现了招聘工作过程的效率和效果。主要有以下几个指标：

$$平均职位空缺时间 = 职位空缺总时间 \div 补充职位数$$

招聘合格率＝合格招聘人数÷总招聘人数
新员工试用期的离职率＝试用期离职员工人数÷录用人数

2.5.2.4 招聘方法成效评估

信度与效度评估是对招聘过程中所使用方法的正确性与有效性进行的检验，只有信度和效度达到一定水平，其结果才适于作为录用决策的依据，否则将误导招聘人员，影响其做出正确决策。

（1）信度评估。

信度评估主要用于衡量招聘过程和测评结果的可靠性与稳定性，指的是对招聘过程中所使用的各种测评方法，如笔试、面试、心理测验等，在不同时间、不同测试条件下，所得结果的一致性和稳定性进行考察。信度包括重测信度、复本信度和内部一致性信度。

重测信度又称稳定系数，是指用同一种测评方法，对同一组应聘者在两个不同时间进行测试，计算两次测试结果的相关系数。相关系数越高，表明测评方法的稳定性越好，信度越高。

复本信度又称等值系数（等值系数指对同一群体用两种等效的测评方法所得结果的一致性），是设计两份在内容、难度、题型等方面等值的测评试卷（复本），对同一组应聘者在同一时间或相近时间进行测试，计算两份试卷得分的相关系数。相关系数越高，表明测评的复本信度越高。

内部一致性信度主要反映的是测评工具内部各项目之间的一致性程度，即测评项目是否在测量同一特质。常用的计算方法是克隆巴赫系数 α，α 越高，表明测评的内部一致性越好，信度越高。

（2）效度评估。

效度即有效性或精确性，是指实际测得应聘者的有关特征与想要测得特征的符合程度。一个测试必须能测出其想要测定的功能才算有效。效度主要有预测效度、内容效度、同测效度。

预测效度指测评结果对未来工作绩效的预测程度，即通过分析应聘者在招聘测评中的成绩与其入职一段时间后的实际工作绩效之间的相关性，来评估测评方法的预测能力。

内容效度指测评内容与实际工作内容的相关性及代表性程度，即测评题目是否全面涵盖了目标岗位所需的知识、技能和行为表现等重要方面。

同测效度指测评结果与当前已有的、被认为有效的效标之间的关联程度。它主要用于在同一时间点，将新的测评方法与已被验证有效的测评方法或效标进行对比,以验证新测评方法的有效性。

【思考与讨论】

请扫描二维码完成习题

第 3 章　培训与开发

【思维导图】

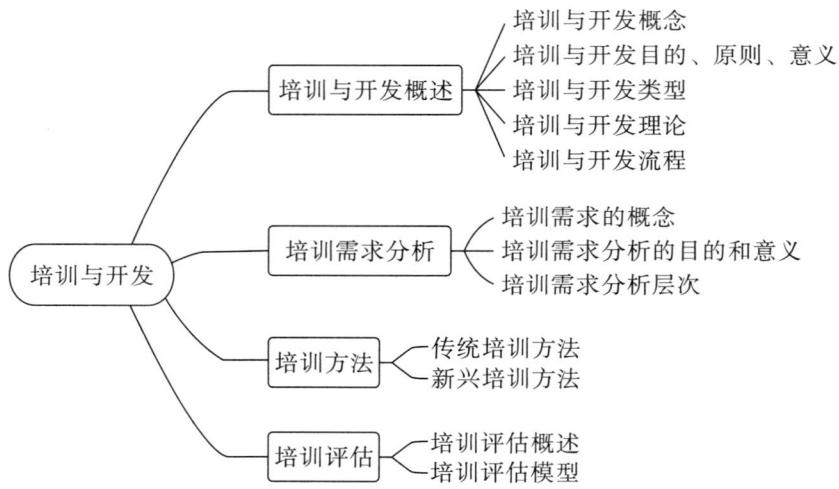

【学习目标】

1. 了解培训与开发基本概念
2. 理解培训流程
3. 掌握培训需求分析的内容
4. 掌握培训需求分析的层次
5. 掌握新兴培训方法

案例引入

美国通用电气公司（GE）作为世界 500 强企业，在员工培训方面经验丰富。GE 相信，不断对员工进行培训，不仅可以为员工建立良好的职业发展之路，还能推动企业不断进步。因此，GE 每年都会组织全球员工培训与开发。

一、克劳顿维尔管理学院

说到 GE 的员工培训，就不得不提及 1956 年在纽约成立的企业大学——GE 克劳顿管理学院。这所企业大学被《财富》杂志誉为"美国企业界的哈佛"。GE 克劳顿管理学院致力于为员工提供全面的、个性化的学习机会，体现了 GE 在员工终身学习方面的承诺。GE 克劳顿管理学院拥有优美的环境、良好的训练设施。学院为 GE 员工精心设计了一整套培训体系，根据培养对象的不同，培训分为两种类型：初级班人才开发、高级班人才开发。

初级班人才开发主要以普通职员作为培养对象。其中，根据培训对象的不同，分为两个等级设定不同的培训课程，包括领导者基本素质培训与开发、未来经理培训与开发。

高级班人才开发主要以包括董事在内、担任经理以上职务的管理人员为培养对象。根据职位及培训内容的不同，分为三个等级：经理人员培训与开发、全球经营者培训与开发、高级董事培训与开发。

二、GE 员工培训特色

GE 员工培训除建立了一套十分完善和有效的培训体系外，还从其他方面支持了整个培训体系的顺利实施。具体表现在以下三个方面：

（1）管理层支持。为了表示对培训的重视并保证培训相关工作的顺利进行，GE 特别设立了首席教育官。与首席运营官、首席财务官一样，首席教育官直接向首席执行官汇报工作。要想成为首席教育官，必须在公司担任过多个职务，对公司的管理、运作有较为深刻的了解，并在培训方面有相关经验。以 GE 中国的第一位首席教育官白思杰为例，他升任首席教育官之前，在 GE 美国工作了 19 年，曾担任培训、人力资源和管理等方面的多个职务。在 GE，培训不只是培训部门的职责，企业的高层领导也亲自参与培训，既要为经理人员授课，也要参与培训人员的选拔。

杰克·韦尔奇在任职 GE CEO 期间，承担了四门课程的教学任务，几乎每周都要到 GE 克劳顿管理学院讲几个小时的课。高层培训课程的学员挑选往往从每年 3 月开始，一直持续到六七月，在这期间，领导者要花费大量时间和精力参与经理人员的绩效评估。杰克·韦尔奇的工作中，1/3 的时间抓培训和选拔领导人，1/3 的时间研究企业战略，1/3 的时间走访基层企业和客户。从杰克·韦尔奇的工作时间安排可以看出，公司高层对培训十分重视。

（2）资金支持。GE 员工培训除在组织和思想上给予重视外，在经济上也大力支持。

（3）与其他业务活动配合。GE 在大力发展培训的同时，还十分注重培训

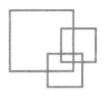

和其他人力资源管理活动的联系。在制订培训计划之前，GE 会认真分析工作规范和工作说明书，进行培训需求调查，确定当前领导者需要进行的培训，而不是根据固定课程计划安排培训，在选拔参加培训的员工时，也与员工平时的工作绩效挂钩。

GE 建立了完善的与培训挂钩的招聘、选拔、晋升、绩效评估、薪酬激励制度，如 GE 会为参加过培训的管理者提供晋升的机会；对经过初级管理开发培训的员工，会让其担任项目领导或团队领导；对经过高级管理培训与开发的员工，让其担任部门或企业领导；参加过更高一级人才开发培训的员工，会让其担任不同职能部门或不同地区、行业的企业领导直到担任总公司领导。为了保证培训效果，GE 公司还设立了针对培训的对照检查行为变化的评估制度，收集受训人员在培训前、培训刚结束和培训六个月后的行为变化情况，据此了解课程的长期效果，从而对课程不断进行改进。

3.1 培训与开发概述

3.1.1 培训与开发概念

培训与开发在不同的教材中有不同的名称，比如发展、训练、继续教育等，因此，需要厘清培训与开发的概念及两者之间的区别与联系。

在人力资源管理领域，培训（training）主要是指企业向员工传授工作所需的知识和技能，目的是让员工能更好地完成当前工作任务。例如，对新入职的销售员培训产品知识和销售技巧。开发（development）则更侧重于挖掘员工的潜能，提升员工的综合能力，以应对未来的工作挑战和职业发展。培训与开发都是人力资源管理的重要部分，培训倾向于短期，聚焦当下工作技能；开发更关注长期，着眼于员工成长和企业战略需求。培训与开发的异同点见表 3.1。

表 3.1 培训与开发的异同点

项目	培训	开发
相同点	根本目的在于提高员工能力素质 对象是企业所有员工 是有计划、连续的实践工作 都需要企业投入一定的资源，包括时间、人力、物力和财力	

续表

项目		培训	开发
不同点	侧重点	着眼于短期技能和知识的提高，强调短期目标	着眼于未来知识和能力的提高，强调长期目标
	关注焦点	当下	未来
	时间跨度	短期行为，几天或几周	长期过程，涉及员工职业发展规划的整个周期
	传授内容范围	具体、窄	综合性、前瞻性
	工作经验的运用程度	高	低
	收益	近期内见效	是人力资本投资，在未来取得收益

培训与开发，虽然一个关注现在，一个关注未来，但从根本上来说都是通过改善员工的能力素质来提高企业的整体绩效。因此，可以将培训与开发理解为企业通过各种方式使员工具备完成当前或将来工作所需知识、技能，以改善员工在当前或将来职位上的工作业绩，最终实现企业整体绩效提升的一种计划性、连续性的活动。

3.1.2 培训与开发目的、原则、意义

3.1.2.1 培训与开发目的

美国人力资源管理学者斯塔尔从培训目标的不同层面出发，提出培训的目的主要有以下几个方面：

(1) 导入和定向（induction and orientation）。引导和帮助新员工融入企业，了解工作内容和工作条件。

(2) 绩效改进（performance improvement）。通过传授新方法、新法律和规章，关注技术发展和其他方面的变化，使工作人员掌握实现良好绩效的有效方法。

(3) 提升工作人员的价值（broadening staff usefulness）。通过培训，使员工为承担更多的工作和更大的责任做好准备。

(4) 开发高层领导技能（developing top leadership）。通过提升高层管理人员的思想素质和管理水平，使其更新观念，改善知识结构，适应组织变革和发展的需要。

人力资源专家佩斯认为，在不同时期、不同情境和不同类型的培训中，培训与开发的目的是存在差异的。他从人力资源发展历史的角度分析了培训与开发在不同时代的不同目的。佩斯对培训与开发的这一分析视角体现了不同时期管理关注点的变化：员工技艺（employee skillfulness），19世纪以前；员工效率（employee efficiency），19世纪至20世纪初；员工满足感（employee satisfaction），20世纪初至20世纪中叶；员工价值感（employee enhancement），20世纪中叶至今。

此外，培训与开发的目的是随着不同时期和情境的需求而变化的，企业和员工的共同需求决定了培训与开发要达到的目的。一方面，企业通过培训与开发向员工传授广泛的技能，使员工由单一技能发展为多重技能，以适应不断变化的客户需求与企业发展需要。另一方面，培训与开发注重员工个人价值的实现，同时强化员工对企业的认同感，提升员工忠诚度。

培训与开发的共同目标是实现员工与企业的需求匹配、员工与企业的共同成长。企业通过培训与开发提高员工的素质和技能，让员工更加适应企业发展的需要；同时满足员工的合理需求，使员工对企业的贡献最大化。

3.1.2.2 培训与开发原则

（1）与企业战略相结合。

培训与开发和企业战略、目标紧密相连。企业战略决定了企业所需要的技术类型和技术水平，因而在很大程度上决定了企业实施培训的类型、数量及培训所需要的资源情况（资金、培训时间、项目开发）。培训能够帮助员工掌握企业需要的技能，员工技能的掌握和熟练程度会直接影响企业经营战略的实现情况。因此，企业的培训与开发活动应和企业战略相结合，这样才能更好地促进企业发展。

（2）符合学习规律。

"学习高原现象"是教育心理学中的一个概念，指在学习或技能形成的过程中，出现的暂时停顿或者水平下降的现象。在学习曲线上表现为保持一定水平而不上升，或者有所下降。在突破"学习高原现象"之后，曲线又继续上升。在一些培训过程中，会出现学员不再有明显进步的"学习高原现象"，如图3.1所示。当遇到员工成绩停滞不前或者倒退，即出现了"学习高原现象"时，企业应考虑改变现有方法，采用其他更有针对性的方法来帮助员工，过渡到更高的学习阶段。

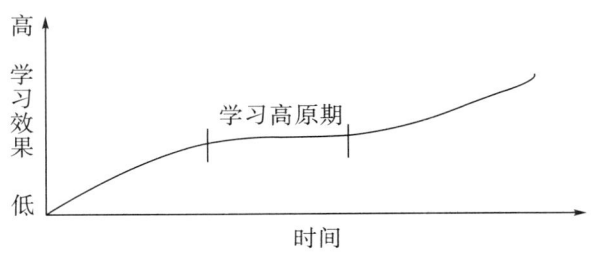

图 3.1 学习曲线

(3) 培训与开发的类型和方法多样化。

企业的培训与开发主要包括三类：新员工入职培训、管理技能开发及员工业务培训。这主要是依据员工所处职位及职业生涯的不同发展阶段而设计的，以满足员工任务要求和个人发展的实际需求。为了能够满足员工不同阶段和不同目标的多样化需求，企业在培训方法上也要不断创新，尝试新技术和新方法，形成传统培训方法和新型培训方法相结合的培训模式，以多样化的方法满足员工和企业多样化的培训开发需求。

(4) 投入—产出原则。

培训与开发属于人力资本投资。员工培训后，生产率是否提高、能力是否得到提升等需要通过评估验证。如果产出明显小于投资，那么这项投资就是失败的，企业不应该进行。因此，在实施培训与开发活动的过程中，要考虑到企业的经济条件和人力资源现状，对培训与开发投资的必要程度与风险收益进行分析，综合考虑后再进行适当的投入，以确保培训与开发能为企业带来效益，使人力资本投资的产出最大化。

(5) 个人发展与企业发展相结合。

员工的个人发展和企业发展是可以有效契合的。一方面，员工通过培训，可以掌握新的知识和技能，进而得到更好的晋升条件，获得更满意的待遇，提高员工参与培训与开发的积极性。另一方面，员工能力提升之后，可以提高企业绩效，促进企业发展。当企业发展良好时，又会有更多的条件为人力资本进行投资。这样一来，员工个人发展和企业整体发展之间形成一种相互促进的良性循环，既可以实现员工的个人目标，又可以促进企业实现整体目标。

(6) 反馈和强化培训与开发效果。

在培训过程中，要注意对培训效果的及时反馈和强化。反馈的作用是巩固所学技能，及时纠正错误和偏差。反馈的信息越及时、准确，培训的效果就会越好。强化是结合反馈对接受培训的人员所进行的奖励或惩罚。这种奖励或惩罚应该在培训结束后马上实施。在培训与开发实践中，为了能够保持员工对企业的认同感和热情，一般建议使用奖励手段而非惩罚手段来强化效果。

3.1.2.3 培训与开发意义

作为人力资源管理的一项基本职能活动，培训与开发对于企业的意义并不局限于对员工技能和能力的培养，更是深化企业发展、推行企业管理行为与文化实践的重要内容。同时，培训与开发活动是薪酬的一种外在表现形式，对激励和保留员工具有一定的积极作用。

（1）培训与开发是企业的投资与回报。

投资培训与开发可以给企业带来较大的收益，最直接的就是产品质量的改进和服务质量的提高。企业推行培训计划主要是为了提高管理人员的管理技能，解决因技术引进、更新或生产率较低所引发的问题，降低工作差错率、返工率和浪费现象，满足顾客的要求并改善与顾客的关系，留住优秀的技术人员，提高企业竞争力。

（2）培训与开发能够增强企业的核心竞争力。

企业的核心竞争力是指能够为顾客带来特殊价值的一系列知识、技能、技术的组合。简单地说，就是企业在经营过程中形成的不易被竞争对手仿效，并且能为企业带来超额利润的独特能力。对员工的知识、技能进行培训与开发，可以使企业的人力资本这一无形资产增值，从而提高员工对企业的贡献率。对管理人员进行管理技能的培训与开发，则能帮助他们更好地激励下属，并且将下属个人目标和企业目标结合，提高员工的工作积极性和满意度。培训与开发通过提升员工的核心技能，以及培养员工的各项能力，从而提升企业的核心竞争力。

（3）培训与开发是一种员工福利。

在经济全球化和人工智能技术高速发展的背景下，企业面临的生存环境更加复杂且具有挑战性。企业为员工提供的培训与开发，一方面可以有效帮助员工获取工作必需的知识和技能，使其在企业中得到更好的发展；另一方面有助于增加员工在劳动力市场上的竞争力，增加员工的职业发展机会。因此，培训与开发是企业给予员工的福利。

（4）培训与开发有助于企业吸引和留住人才。

某公司从曾经受过培训的 270 名员工中选取了 100 名进行抽样调查。调查发现，80%的员工愿意继续留在公司工作，比未受过培训的员工留职意愿更高。员工普遍反映，培训不仅提高了他们的技能，而且提高了他们对企业文化的认同和对自身价值的认识，他们对企业目标也有了更深刻的理解。约有95%的参加者对培训感到很满意，对满足顾客需要的信心也有所增强。可见，培训与开发也提高了员工对企业的满意度和忠诚度。

（5）培训与开发和其他人力资源管理模块协同作用

培训与开发作为企业人力资源管理的一大职能模块，有着非常重要的战略地位。随着现代企业人力资源管理的系统化趋势愈加明显，企业的培训与开发设计必须和其他人力资源管理模块结合，协同作用。

对培训与开发和其他人力资源管理模块之间关系的研究中，最具代表性的是帕特里夏·麦克拉根的研究成果。麦克拉根提出了人力资源车轮模型（图3.2），确定了人力资源的主要领域，并重点体现了培训与开发的重要地位和作用。由图可知，培训与开发、组织开发、职业开发联系紧密。

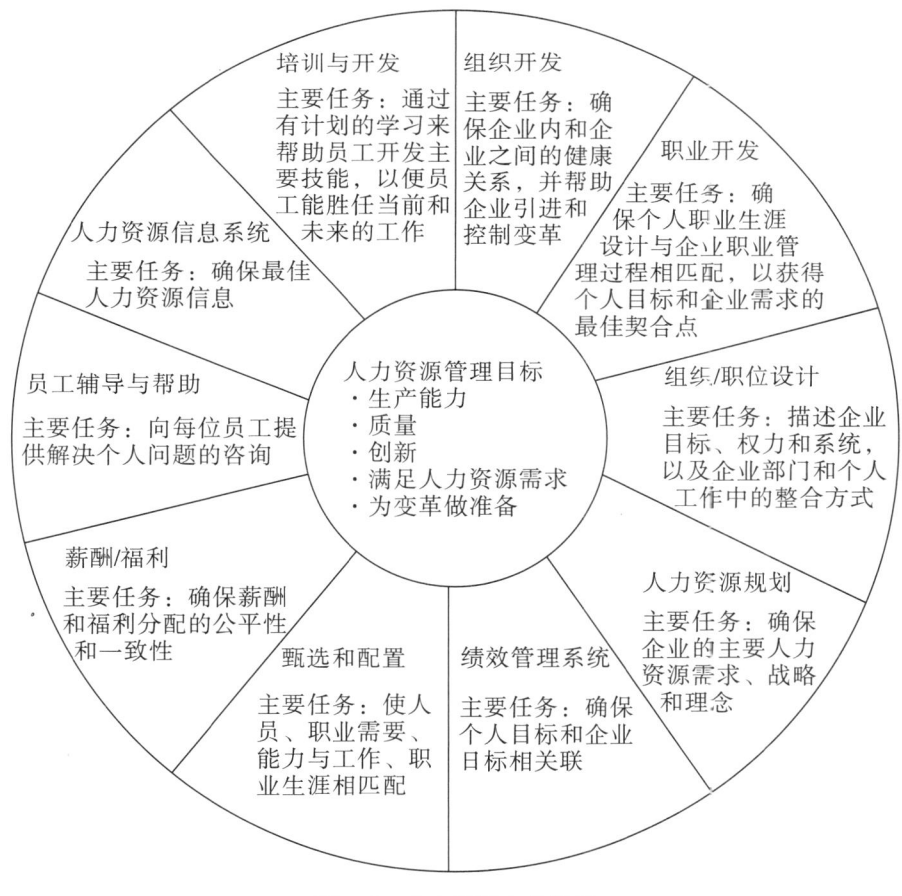

图 3.2　人力资源车轮模型

如果把人力资源管理系统比喻为一辆汽车，任职资格系统是车架，人力资源战略与规划系统是方向盘，绩效管理系统是发动机，薪酬管理系统是燃料和润滑剂，培训与开发系统则是加速器。企业要保证并加强员工的核心技能，就必须建立有效的培训与开发系统，并与其他人力资源模块相结合，形成有效的协同作用。

3.1.3　培训与开发类型

3.1.3.1　按培训对象分类

（1）新员工培训。也称为入职培训，主要针对新入职的员工，目的是帮助他们快速了解企业的基本情况、企业文化、规章制度、工作流程等，使其尽快适应新的工作环境。

（2）在职员工培训。面向已经投入工作的员工，根据员工的不同需求和岗位要求，提供各种提升知识、技能和能力的培训，如岗位技能培训、管理能力培训等，以提高员工的工作绩效和职业发展能力。

（3）管理人员培训。专门为企业中的各级管理人员设计，侧重于提升领导能力、决策能力、团队管理能力、战略规划能力等，以适应企业发展对管理人才的要求。

3.1.3.2　按培训内容分类

（1）知识培训。旨在向员工传授与工作相关的各种知识，包括专业知识、行业知识、企业知识等。通过知识培训，员工可了解工作领域的基本原理、概念、发展动态等，为更好地完成工作任务提供理论基础。

（2）技能培训。主要针对员工在实际工作中所需的操作技能、技术能力等进行培训，如生产操作技能、计算机技能、沟通技能、销售技能等。技能培训注重实践操作，通过模拟练习、案例分析等方式，让员工熟练掌握并应用各种技能。

（3）态度培训。侧重于改变员工的工作态度和价值观，培养员工的职业素养、团队合作精神、责任心、忠诚度等。通常以拓展训练、团队建设活动、企业文化培训等方式进行，从而营造积极向上的工作氛围，提高员工的工作满意度和归属感。

3.1.3.3　按培训方式分类

（1）内部培训。由企业内部的培训师或经验丰富的员工担任讲师，在企业内部开展的培训活动。内部培训可以根据企业的实际情况和需求，定制培训内容和课程，具有针对性强、成本低、便于组织等优点。

（2）外部培训。企业委托外部专业培训机构、高校的专家等为员工提供的培训。外部培训可以引入先进的理念、方法和技术，拓宽员工的视野，但成本相对较高。

（3）线上培训。利用互联网技术和在线学习平台，为员工提供远程培训。员工可以根据自己的时间安排，在任何有网络的地方进行学习，具有灵活性高、资源丰富、可重复学习等优点，常见的形式有网络课程、直播培训、在线考试等。

（4）线下培训。培训活动在传统的教室、会议室、培训场地等环境中进行，培训师与学员面对面交流，能够更好地进行实践操作和现场指导，如课堂讲授、小组讨论、角色扮演等。

3.1.3.4　按培训时间分类

（1）短期培训。一般指培训时间较短（通常几天到几周）的培训项目。短期培训通常针对某个特定的问题或技能进行快速提升，具有针对性强、见效快的特点。

（2）长期培训。培训时间较长，可能持续几个月甚至一年以上。长期培训一般是为了培养员工的综合能力或为员工的职业发展进行系统规划，如企业的人才储备培训计划、领导力发展项目等。

3.1.3.5　按培训目的分类

（1）适应性培训。帮助员工适应新的工作环境、工作内容、企业变革等情况的培训，使员工能够尽快调整状态，融入新的工作场景。

（2）提升性培训。旨在提高员工现有的知识、技能和能力水平，以使其能够更好地完成当前工作任务，提高工作绩效，同时为员工的职业晋升和发展打下基础。

（3）前瞻性培训。着眼于企业未来的发展战略和业务需求，对员工进行提前培训，使员工具备未来所需的知识和技能，为企业的长远发展储备人才。

3.1.4 培训与开发理论

3.1.4.1 学习理论

爱德华·桑代克认为学习是尝试错误的过程；约翰·华生、伊万·巴甫洛夫、伯勒斯·斯金纳等强调学习是外部行为的变化；戴维·奥苏贝尔和罗伯特·加涅等则强调学习是认知结构的变化；金布尔从行为主义理论立场出发，认为学习是由强化练习引起的潜在反应能力的较为持久的改变，这一定义影响较为广泛。总的来说，学习有三个方面的特点：学习是人与动物共有的普遍现象，学习是有机体后天习得经验的过程，学习表现为个体行为由于经验而发生的较稳定的变化。

3.1.4.2 学习过程理论

学习过程理论由雷蒙德·诺伊在《雇员培训与开发》一书中提出。他认为，学习过程包括预期、知觉、加工存储、语义编码、长期存储、恢复、推广和满足。

预期（expectancy）：学习者在指导过程中的思想状态，包括培训准备的部分因素（学习动机、基本技能）、对指导目标的理解及从学习或工作中体验到的由培训带来的好处。

知觉（perception）：对环境中获取的信息进行组织整理以便其成为行动指南。

加工存储（working storage）和语义编码（semantic encoding）：在加工存储过程中，信息的编排和重复使信息被编入记忆中。研究表明，一次加工存储的信息不宜超过5条。语义编码是信息的实际编码过程。加工存储和语义编码都与短期记忆相关，当信息被关注、编排和编码后，它们便可以存入长期记忆了。

恢复（retrieval）：应用所学内容时回忆的过程，包括找到储存于长期记忆中的学习内容并用来影响绩效。

推广（generalizing）：将恢复过程中得到的学习内容在类似而非绝对相同的环境中应用。

满足（gratifying）：学习者通过运用所学内容获得成果。

3.1.4.3 社会学习理论

社会学习理论或称社会认知理论，是行为主义理论在 20 世纪比较重要的发展，它受到行为论与认知论的双重影响。社会学习理论是由美国心理学家阿尔伯特·班杜拉于 1977 年提出的。这一理论表明人们会通过观察他们认为值得信赖并且知识渊博的人的行为进行学习，如儿童向成人学习、新进入企业的员工向老员工学习、下属向上司学习等。

在培训过程中，只有当学习者意识到示范者的优秀之后，才愿意通过观察去学习。培训者也应该将培训设计得更有吸引力以引起学习者的注意。社会学习理论是行为模拟培训的主要理论基础，对人力资源开发活动影响深远，许多人力资源开发方法都是以社会学习理论为基础建立的，如行为示范学习方法、教练法等。

3.1.4.4 信息加工理论

20 世纪 50 年代计算机信息技术的应用，使得用计算机的信息处理过程类比人类大脑的认知过程成为可能。因此，认知主义的学习理论得到了飞速发展，信息加工理论开始兴起。信息加工理论认为，学习就是获取信息、存储信息和提取信息的过程。

信息加工理论指出，各种信息会经过大脑传递之后被学习者吸收。来自外部环境的信息或某种刺激（如声音、气味、图像）由感觉器官（耳朵、鼻子、眼睛）接收到时，信息加工过程就开始了。信息被感觉器官确认并存储于短期记忆中。这种刺激的停留时间为 0.25~2 秒，经过注意力的初步加工，信息再被转换并编码成语义的形式存储起来，形成短期记忆，这时信息的保持时间很短，一般只保存 2.5~20 秒。

如果学习者不断重复这些信息，那么信息在短期记忆中就可以保持得长一些，但也不超过 1 分钟。只有在经过对信息的精细加工，让信息与学习者原来的知识联系起来之后，信息才有可能进入长期记忆存储。当受到相关场景的触发或外部刺激时，学习者会通过记忆搜寻提取想要的信息。如果提取失败，给学习者提供一些回忆线索也可以帮助学习者回忆相关信息。

3.1.4.5 建构主义学习理论

建构主义学习理论正处于发展阶段，可以较好地说明人类学习过程的认知规律。成人学习理论较好地体现了建构主义学习理论的基本观点。

成人学习理论是在满足成人学习这一特定需要的基础上发展起来的，在此之前，大多数教育理论和正规教育机构都是专门针对未成年人的。传统的教学法是教育未成年人的艺术和科学，是教育理论的核心内容。教学法赋予指导者一项主要责任是要对学习内容、学习方法、学习评估做出决策。未成年人通常被认为是：指令和学习内容的被动接受者，无法为学习环境提供足够的相关经验。直到马尔科姆·诺尔斯提出成人教学法，这种局面才得以改变。成人的学习与未成年人不同，应该遵循不同的指导方针。在马尔科姆·诺尔斯之后，又有许多学者在这一领域进行研究，使人们更全面地了解成人学习。

3.1.5 培训与开发流程

培训按时间顺序可以大致分为培训需求分析、制订培训计划、设计培训内容、实施交付培训、培训效果评估及反馈五个步骤，如图 3.3 所示。

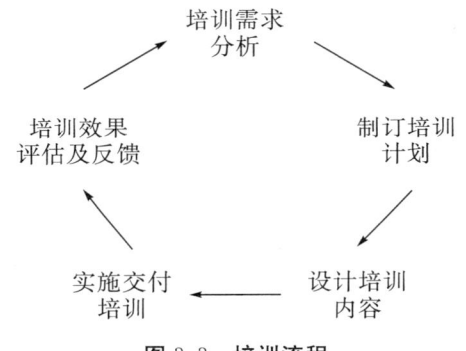

图 3.3 培训流程

3.1.5.1 培训需求分析

培训需求分析一般包括两个方面：

（1）培训与开发管理者理解企业的战略规划，结合各业务及职能部门的需求，分析企业需求与现实能力的差距，提出培训需求意向。

（2）培训管理部门对培训需求做出评价，并判断是否决定实施。

3.1.5.2 制订培训计划

在确认通过培训可消除或减少工作能力的差距后，即可开始制订培训计划。

（1）根据培训需求分析确定培训内容。

(2) 确定培训时间。
(3) 确定培训方式,如内部企业培训、外部培训。
(4) 确定受训人员,要考虑时间安排、培训成本等因素。
(5) 选择培训教师。
(6) 预估培训费用。

3.1.5.3 设计培训内容

设计培训内容包括以下三点:
(1) 确定授课内容(根据培训需求分析)。
(2) 设计培训课程。
(3) 选择合适的培训方法。

3.1.5.4 实施交付培训

实施交付培训包括以下两点:
(1) 实施培训,注意培训时间、地点等的安排。
(2) 对受训人员进行考核。

3.1.5.5 培训效果评估及反馈

培训效果评估及反馈包括以下四点:
(1) 培训教师的考评。
(2) 培训组织管理的考评。
(3) 培训应用反馈,即在培训后,受训人员到工作岗位上工作一段时间,对其受训效果进行考查(通常采用问卷调查法和访谈法)。
(4) 培训资料的总结归档。

3.2 培训需求分析

3.2.1 培训需求概念

培训需求分析,具体来说就是在规划与设计每一项培训活动之前,企业采用各种方法与技术,对企业及其成员的目标、知识、技能和能力等进行系统的鉴别与分析，以确定企业是否需要培训以及培训的内容和方法等。培训需求分析由企业的培训部门、主管部门及其他相关工作人员负责，通常建立在企业培训需求调查的基础上，通过采用全面分析与绩效差距等进行。

培训需求分析在一定程度上反映了员工和企业对培训的期望。培训需求源于绩效现状和期望绩效之间的差距。虽然企业在人员招聘中做出了很大努力，但仍然无法避免员工的绩效水平与期望水平之间出现某种程度的不匹配，为了使员工能胜任相应的职位，达到企业的期望绩效，必须缩小这些差距。确定差距的过程就是培训需求分析。

3.2.2　培训需求分析目的和意义

要想使培训真正发挥作用，就必须在培训之前进行培训需求分析。雷蒙德·诺伊认为，如果没有合理地进行培训需求分析这一步骤，企业可能会遇到以下几个方面的问题：

（1）培训会被误用为解决绩效问题的措施。但是，培训的目的不仅仅是提高员工的绩效，更是要提高员工的知识和技能，使其更加满足企业战略需求。

（2）培训项目中使用错误的内容、目标或方法。有一些不具备培训所需的基本或必要技能以及学习自信心的培训对象会被要求参与培训。

（3）培训传授的不是期望的学习、行为或财务结果，在与企业经营战略无关的培训项目上浪费资金。

培训需求分析对企业培训工作至关重要。它是真正有效地实施培训的前提，是使培训工作准确、及时的重要保证。培训需求分析的目标如下：了解受训员工现有全面信息；确定员工的知识、技能需求；明确培训的主要内容；提供培训材料；了解员工对培训的态度和期望；获取管理者的支持；有利于估算培训的成本；避免时间和金钱的浪费；使培训做到量体裁衣；为测量培训效果提供依据。

由此可以看出，培训需求分析具有重要的意义：一是培训需求分析可确定培训的目标，为培训计划奠定基础；二是可以在培训需求分析过程中发现企业存在的问题，为企业高效运作提供建议；三是培训需求分析可为培训设定目标，也确立培训后的检验标准，为培训评估提供依据。

3.2.3 培训需求分析层次

在知识经济时代,人成为第一资源,对人的培训与开发成为许多企业提升竞争优势的重要手段。为了配合企业整体发展,培训逐步走向战略层面,将企业战略目标与个人目标相结合。培训的目的决定了培训需求分析的范围和内容。一般来说,服务于长期培训计划的培训需求分析较为宏观,而针对特定任务的单个培训项目的培训需求分析则较为具体。因此,通常将培训需求分析分为宏观层次和微观层次。

此外,系统的培训需求分析需要从组织、任务、人员三个层次入手。从组织分析入手,以任务分析为核心,结合人员分析,得出培训的目标、对象和内容。

任务分析主要界定理想状况下工作任务的要求,明确各个职位所包括的工作任务、执行标准和特定岗位工作人员所需的技能要求,这是员工岗位培训的目标和重要衡量标准;人员分析是从员工的实际状况出发,分析员工知识、技能、态度等方面的实际状况与理想状况之间的差距,即目标差,以形成具体的培训目标和内容。

培训需求分析层次如图 3.4 所示。

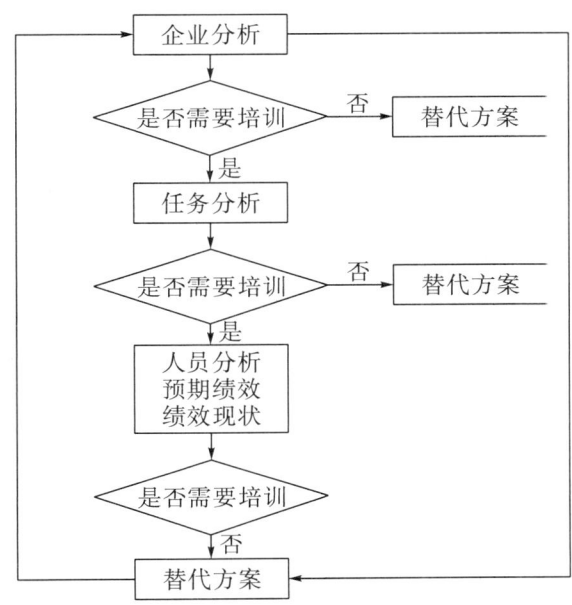

图 3.4 培训需求分析层次

3.3 培训方法

3.3.1 传统培训方法

3.3.1.1 讲授法

讲授法是众多培训方法中非常受欢迎且应用较为广泛的方法,这种方法主要是由培训讲师将所要传达的培训信息用语言传达给培训对象。一般而言,讲授法所传达的培训信息主要是与职业相关的基础知识和专业知识,还包括一部分可以口头传授的工作经验等。讲授法与其他培训方法最大的区别在于,其在培训过程中的培训信息主要为单向传递,即只由培训讲师将培训信息传递给培训对象,而培训对象与培训讲师之间的信息交换较少。

讲授法可以在短时间内以有效的形式传递大量信息,因此,成本最低,也最节省时间;培训讲师还可以根据不同的培训对象选择不同的培训内容,针对性较强。

讲授法的缺点在于,在培训过程中,培训对象很少能够参与进来,无法针对培训内容及时给予反馈。一方面会导致培训对象的兴趣与热情很难被激发;另一方面使培训讲师无法根据培训对象对讲授内容的接受和理解程度而及时调整内容和节奏,无法保证培训效果。

3.3.1.2 视听法

视听法主要是通过使用投影、幻灯片和录像等媒介向培训对象传达培训信息的一种方法。培训信息主要包括沟通技能、客户服务技能和谈话技能等。在实际培训中,很少单独采用视听法,一般都配合讲授法使用,向培训对象展示课程相关案例。

视听法具有灵活、生动的特点,培训讲师可以根据培训对象的实际水平调整培训内容,并且运用有效的媒介来展示单纯依靠讲授无法阐述清楚的具体事例和过程。需要注意的是,在使用幻灯片、录像等工具时,必须对内容进行仔细准备和检查,以免图像不清、声音过大等影响培训效果。

3.3.1.3 案例研究法

案例研究法是指为达到一定的培训目的,将现实中的情形加以典型化处理,之后提供给培训对象进行思考、分析和判断,使培训对象在对案例的独立研究和相互讨论中提高分析与解决问题能力的一种方法。在案例研究中,培训对象要分析和评价案例中的人物采取的行动是否正确,并给出其他可行的处理方式。

3.3.1.4 师带徒法

师带徒法是一种较为传统的培训方法,它的主要形式是由一名经验丰富、技术水平较高的员工作为师傅,带领一名或若干名新员工。师傅在工作的过程中主要是通过口头传授和亲身示范将工作所需的知识、技能以及主要经验传授给新员工。

师带徒法一般会持续较长时间。在这一过程中,学习对象依然可以获得收入,并且收入会随着技能水平的提高而相应增长,这是师带徒法的一个主要优点。但是,师带徒法无法保证在培训结束后还能有职务空缺,而且一般师带徒项目只能对培训对象进行一种技艺或工作的培训,无法使培训对象的综合能力得到提高。

3.3.1.4 自我指导学习

自我指导学习是由培训对象完全掌握主动权的学习方法。个体可以决定学习的时间、地点、内容,以及让谁来帮助自己学习等。培训讲师也可以参与培训对象的自我指导学习过程,但起到的作用通常是辅助,例如,帮助培训对象评估学习状况或回答培训对象所提出的问题。

自我指导学习的优点很明显,即培训对象可以按照自己适应的节奏进行学习,并能够及时得到学习效果的反馈。除此之外,自我指导学习不受场地和时间的限制,不需要培训讲师提供太多帮助,培训成本降低。

3.3.2 新兴培训方法

3.3.2.1 网络学习法

随着互联网技术的发展和对传统培训形式的不断改革,网络学习培训技术逐渐发展。网络学习是利用计算机网络技术来实施一系列学习解决方案，用以传播知识、提高效率的学习活动。

网络学习有以下基本特点：第一，基于互联网的学习。这是网络学习最主要的特征，这样的技术背景极大地方便了资料的即时更新、数据的分享和学员之间的即时交流。第二，运用标准的网络技术，通过计算机把知识传输给最终用户。第三，不局限于信息和技能的传授。网络学习的方式、内容及结果早已超越了传统培训的内涵与外延。在云计算和大数据技术的影响下，企业网络学习的应用表现出一些新的发展趋势：

（1）个性化定制。基于大数据技术，可以从海量数据中快速获取有价值的信息，从而将正确的信息在正确的时间交付给正确的对象。对于培训，可以通过大数据技术挖掘培训对象的习惯和偏好，从而个性化定制培训方案。

（2）成本。基于云计算技术，企业培训机构只需支付少量资金购买软件服务商提供的系统，有时甚至可以免费下载一些通用工具。此外，利用云存储等功能，企业非机密的培训资源可以放置云端服务器，可节省设备的购置、维护与保养成本。对于致力于搭建海量信息平台、开发自有培训系统甚至提供云端服务的企业，可能面临信息管理人员、隐私安全保护、存储技术等方面的成本挑战。

（3）绩效技术。绩效技术指研究员工或组织的绩效数据，寻找绩效下降或未达到预期绩效的原因，进而寻求干预方法。一些绩效低下的原因是员工的知识技能掌握不足，因此，企业网络学习项目的开发应当基于绩效导向，让培训成为提高员工绩效的帮手。

（4）移动培训。移动培训指借助计算机或移动端，人们可以在碎片时间或非正式环境中随时开展自我学习。由于经济快速发展、商业竞争加剧的现代社会，企业很难频繁组织培训，而员工的能力和职业生涯发展是企业培训部门的重要责任，因此移动培训将成为企业培训的重要部分。

（5）慕课。慕课（Massive Open Online Course，MOOC）是近年来出现的一种在线课程开发模式，即大规模在线开放课程。它是一种基于开放教育学和网络学习理论的线上课程，将分布于全球的讲师和学习者联系起来，参与人数经常超过万人甚至达到十几万人；课程的材料和信息分享在互联网上，绝大部分课程可免费或少量付费学习。由于慕课具有兴趣导向、学习自由、不受时空限制的特点，因此在全球掀起了一场学习革命。企业培训部门可充分挖掘慕课资源，帮助员工实现自我发展。

3.3.2.2 虚拟现实法

虚拟现实法是由培训讲师为培训对象提供三维立体的学习环境和学习体验。在培训过程中，培训对象可以通过观看计算机屏幕中的虚拟模型和操作专业的设备来感受虚拟环境，并在模拟环境的互动体验中习得知识，掌握技能。

虚拟现实技术有三个最基本的特征：沉浸、交互和想象。它创建的是一个酷似客观环境且超越客观时空、能沉浸其中又能驾驭其上的和谐的人机环境。

3.3.2.3 多媒体培训法

多媒体培训是一种把视听方法与基于计算机的培训结合在一起的培训手段。应用此种培训方法，培训对象可以互动的方式结合多媒体展现的文本、图表、视频等具体信息学习新的知识与技能。多媒体培训法有很多优点，它不仅可以由培训对象自我控制学习进度，而且可以为培训对象提供及时的反馈和指导。又因为它可以调动人的多种知觉对信息进行感应，学习的内容就更具有连续性，也容易达到更好的培训效果。

3.4 培训评估

3.4.1 培训评估概述

3.4.1.1 培训评估概念

培训评估是系统地搜集有关培训与开发项目的描述性和评判性信息的过程，主要是对培训的全过程进行系统回顾并对培训的效果进行测评。通俗地讲，就是确定培训活动或流程是否值得做、产生了多少价值和是否有意义。传统意义上的培训评估仅针对培训实施效果这一个环节，但一个完整、有效的培训评估应该涵盖培训流程中的全部过程，从培训需求分析开始，直至培训实施完毕，并且不同的环节培训评估的侧重点也应有所不同。总体来说，培训评估旨在改进培训项目和指导未来培训规划，是对整个培训活动的评价和总结。

3.4.1.2 培训评估目的

（1）展示培训部门为企业发展所做的贡献，获得更多的资源支持。培训部门要让高层管理人员认识到培训的效果和价值，培训评估的结果则为其提供了重要依据。

（2）决定培训项目是否继续执行。培训内容需要随着时代发展而不断更新，要对过去的培训项目进行评估，以确定项目是否能够满足企业需求。例如，在过去几年中，工作简化、沟通分析和目标管理等是热门培训内容。而现在重要的培训主题是工作多样化、授权和团队建设。如果项目依旧适用，则应继续进行；如果项目成本超过了其所能带来的效益，就应该终止或做出相应的调整。

（3）获得提升培训项目质量的信息。进行培训评估可以确定培训项目的效果及其改进方式。通常需要考虑以下因素：

①培训内容能够在多大程度上满足学员的需求？
②培训讲师是不是培训的最佳人选？
③培训讲师是否使用了最有效的方法来保持学员的学习兴趣？向学员传授了预期的态度、知识和技能？
④培训设施令人满意吗？
⑤培训日程安排是否合理？
⑥辅助资料能否有效促进学员学习、保持学员的学习兴趣？
⑦是否围绕培训项目的满意情况做过相应的调整工作？
⑧为了改进并提高培训项目的效果，还可以在哪些方面做出努力？

回答上述问题，并对答案仔细分析，就能找出相应的改进方法，从而为以后的培训项目进行完善。

（4）提升培训管理水平。通过培训评估获取有关培训成果的信息，进而决定培训是否继续以及如何改进，这些工作的最终目的是提升培训管理水平，为公司员工持续提供高质量的培训，使得培训成为实现企业战略和目标的重要途径。

3.4.1.3 培训评估原则

（1）培训评估要贯穿培训全过程，坚持过程评估与结果评估相结合。培训评估要检验与促进培训目标的达成，从制订培训计划开始到培训过程结束，培训评估一直发挥着不可或缺的作用。

（2）关注培训评估与其他人力资源模块的有序联动。促进培训与绩效、薪酬等人力资源模块的相互联系，从而提高员工个人或企业的绩效。同时，绩效管理也为确定培训内容和培训方式提供重要依据。

（3）关注培训效果的实践转化力。培训的最终目标应当是提高生产力，进而实现企业的目标和战略。因此，培训评估应当关注培训效果在实践中的转化和体现。

（4）依据培训目标，选择相应的培训评估方法。保证培训持续有效开展的关键环节之一在于培训评估方法，如根据培训目标、培训对象确定评估层面以及相应的培训工具等。

（5）营造评估文化。培训管理者要对培训评估的整个环节负责；学员要对培训应取得的成果负责；各级管理者要参与培训评估的各个阶段，为培训效果的实践转化提供支持。因此，培训评估应当是全员参与、全过程管理。

（6）要考虑培训的效度问题。培训的效度就是培训达到的效果是不是其所要实现的目标。衡量培训的效度主要有四种类型：

①培训效度：培训对象达到培训方案建立标准的程度。

②迁移效度：培训对象回到工作岗位达到工作标准的程度。

③组织内效度：企业内部新的培训对象实行原培训项目的效度，即培训效果在企业内部的普遍性。在此情形下，要根据前面一组被试的表现来预测新一组被试的表现。

④组织间效度：在一个企业中证实有效的培训项目在其他企业中实施时是否仍然有效。

3.4.1.4 培训评估流程

企业投入了大量的人力、物力来进行培训，如果对培训的结果缺乏有效的评估，人们就无法对培训的价值和意义做出判断。评估活动必须考虑到企业中的利益相关者。培训部门必须成为企业中的业务伙伴才能成功地投放培训产品，其需要具备下列三个条件：①培训和绩效改进的举措必须和企业的整体战略和运营框架相结合。②要有一个衡量和评估流程，从而体现人力资源开发工作的贡献，使所有的评估参与者对工作负责。这一流程必须是全面且实用的，能够在企业中发挥一定作用。③一定要和关键业务经理建立起伙伴关系，这些企业内的重要客户对于培训部门十分重要。基于投资回报率的评估流程如下：

（1）评估培训目标。

这是培训评估流程的第一步，旨在了解培训项目的范围和被影响的业务指标。如果要评估的培训项目是原有的项目，就应该对该项目的目标和内容进行审核；如果是一个新的培训目标，就应该根据需求分析的数据来评估其培训目标。培训目标为培训评估提供了有效的依据,通过对培训目标的完成情况进行评估,可以直观地了解培训效果。

(2) 制订评估计划和数据收集计划。

在这一阶段,确定衡量范围、数据收集方法、数据来源和数据收集时间,以便收集基础数据和跟进数据。在这个阶段,可以制订投资回报分析计划。培训项目的特点和培训项目的进度将决定数据收集的时机。

(3) 培训期间的数据收集和培训后的跟进数据收集。

由于所选评估项目存在差异,可以根据不同的项目使用问卷、访谈、查阅企业记录或其他方式来收集数据。培训的成本要根据投资回报分析计划列出,以便在投资回报率计算中使用。

(4) 评估培训效果。

可以采用一个或多个策略来评估培训效果,如控制组、趋势分析、学员估计、经理估计及内部专家估计等。如果采用控制组方法,要收集受训组人员的绩效数据,还要收集一组与受训组人员构成相似但未接受培训的小组绩效数据,然后将两组绩效数据进行对比,以确定培训对绩效改善的影响程度。

(5) 将数据转化为货币价值。

将某些受培训影响的业务结果数据转换成货币价值,将培训的收益和培训的成本进行比较,以确定投资回报率。为了完成计算,必须将全部成本都计算在内。如果这些数据不能转换成货币价值,有些可以用业务影响的形式来汇报(如顾客或员工满意度),有些可以用无形收益的形式来汇报。

(6) 出具评估报告。

评估结束后,出具两份报告:一份报告内容简洁,用来给管理层进行宣讲;另一份报告内容详细,用来给其他利益相关者查阅。

3.4.2 培训评估模型

3.4.2.1 柯克帕特里克培训评估模型

柯克帕特里克培训效果评估模型是由唐纳德·柯克帕特里克于1959年提出的,也叫柯氏评估模型或四级评估模型,是目前使用广泛的评估模型之一。该模型将培训效果分为反应层、学习层、行为层和效果层四个递进的层次,并提出在这四个层次上对培训效果进行评估。

(1) 反应层。

评估师衡量参与培训项目的学员对培训所做出的反应，可以称为对顾客满意度的测量。反应层的评估主要针对培训的表面效果，是基本、直观的培训效果评估。学员的反应体现了其对培训的满意程度，将决定培训项目是否会得到发展和重视。

评估内容：学员对培训课程、培训师以及培训组织等方面的主观感受和满意度。比如，学员是否喜欢这次培训，对培训的环境、教材、教学方法等是否满意。

评估方法：通常采用问卷调查、现场访谈、小组讨论等方式，在培训结束后立即收集学员的反馈意见。

反应层评估的指导原则如下：

①确定希望评估的有关培训效果的事项。
②设计一份能够量化学员反应的表格。
③鼓励学员提交书面的意见和建议。
④即时得到学员的意见反馈。
⑤得到真诚的回答。
⑥确定大家认可的评估标准。
⑦根据标准衡量培训反应，并采取相应措施。
⑧对培训反应进行恰当充分的沟通。

培训反应评估表（反应层）见表 3.2。

表 3.2 培训反应评估表（反应层）

培训课程			时间		
培训方式			地点		
培训对象			讲师		
培训组织的评估	非常不满意	不满意	一般	满意	非常满意
培训目的是否了解	1	2	3	4	5
培训方式是否合适	1	2	3	4	5
培训时间是否合适	1	2	3	4	5
培训地点是否合适	1	2	3	4	5
培训课程的评估					
是否对您工作有帮助（实用性）	1	2	3	4	5

续表

培训内容是否与培训目的一致	1	2	3	4	5
内容是否丰富、易于理解	1	2	3	4	5
内容是否系统、理论与实操结合	1	2	3	4	5
课程是否符合您的期望、达到您的培训目标	1	2	3	4	5
培训讲师的评估					
讲师课前准备是否充足,并娴熟开展培训	1	2	3	4	5
授课方式与技巧是否丰富（课堂气氛如何）	1	2	3	4	5
对内容是否有深厚的经验,见解精辟	1	2	3	4	5
是否鼓励学员主动思考（学员参与度）	1	2	3	4	5
讲师授课水平是否满足培训需求	1	2	3	4	5
培训效果的评估					
是否学到了知识、技能等	1	2	3	4	5
对培训内容的掌握程度如何	1	2	3	4	5
您是否愿意将此次学习内容运用到工作中	1	2	3	4	5
其他方面： 以后如有类似的培训您愿意参加吗？ □愿意　　□不愿意　　□不确定 您对此次培训还有哪些改善意见或建议：_____ _____					
操作说明：1. 本表由培训组织者抽取参培人员负责填写,覆盖率为10%。 　　　　　2. 填表人需公平公正地对培训课程进行评价。 　　　　　3. 组织者需正确对待评价,对各项建议积极做出改进。					

注：请在您选择的分值下方打"√"

(2) 学习层。

在培训项目中，培训讲师传授知识、技能和态度。因此，培训评估的学习主要确定以下内容：学员学到了哪些知识？学员掌握或提升了哪些技能？学员在哪些态度上发生了转变？

评估方法：可以通过书面考试、技能实操考核、案例分析、角色扮演等方式，在培训结束后一段时间内进行，以检验学员对培训内容的吸收和理解情况。

相对于反应层评估来说，学习层评估更复杂，需要投入更多的时间。学习层评估的指导原则如下：

①借助对照组进行分析。接受培训的一组人员是实验组，没有接受培训的一组人员是对照组。对照组和实验组在主要特征方面要有相同的特点，否则，二者之间的对比就毫无意义。

②培训项目结束后，对学员的知识、技能和态度进行评估。在培训之前，企业对学员的知识、技能和态度进行记录，在培训结束后，对学员进行评估，了解其在知识、技能和态度方面的差异，如果是正向的，说明学员在学习环节取得了突破，培训起到了一定的效果。

③通过笔试评估学习效果。

(3) 行为层。

参训人员培训结束回到工作岗位上，工作状况如何？培训中所学到的知识、技能和态度有没有应用到实践中呢？这就是第三层评估的任务，即行为层评估。

评估方法：一般通过上级评价、同事评价、自我评价、客户评价等多维度的行为观察和反馈进行评估，通常在学员回到工作岗位3~6个月后进行，以便有足够的时间让学员将所学知识应用到工作中并形成新的行为习惯。

对参训人员进行行为层评估时，行为的转变需要一定时间才能体现出来，且不同的行为类型可能需要的时间也有差异，所以行为层评估需要考虑三个问题：何时评估？多久评估一次？怎样进行评估？行为层评估的指导原则如下：

①借助对照组进行分析。

②留出充足的时间，促使行为发生改变。

③在培训项目前后都要进行评估。

④对下列一类或多类人员进行调查或访谈，以了解参训人员的行为变化：参训人员及其直接主管和下属人员，经常观察参训人员行为的其他人员。

⑤对所有参训人员进行评估或选择部分人员作为调查样本进行评估。

⑥在适当的时间范围内进行多次评估。

（4）结果层。

结果层评估是最重要、最难处理的一个环节。培训人员需要考虑以下问题：

①向所有主管人员和经理人员提供了全面质量改进方面的培训，他们在质量改进方面取得了哪些进展？这对利润的贡献有多大？

②对所有管理人员和经理人员提供了团队成员构成多样化方面的培训，他们的生产率提高了多少？

③向班组和主管人员进行了新员工引导和培训等知识的传授，员工离职率下降了多少？

④向销售人员进行了市场调查、目标完成和交易达成方面的培训，他们的销售业绩提高了多少？

⑤在培训方面花费了资金，取得了哪些回报？

评估方法：收集和分析企业的相关绩效数据，如财务数据、生产数据、销售数据、客户满意度调查数据等，对比培训前后的数据变化，评估培训对企业业绩的贡献。一般在培训结束 6 个月以后甚至更长时间进行评估，以确保全面、准确地衡量培训对企业果的长期影响。

结果层评估的指导原则如下：

①借助对照组进行分析。

②在培训项目结束前后进行评估。

③提前设定结果层的考查指标，指标应基于企业战略和目标设定。

④比较评估成本和评估收益。

【思考与讨论】

请扫描二维码完成习题

第4章 绩效管理

【思维导图】

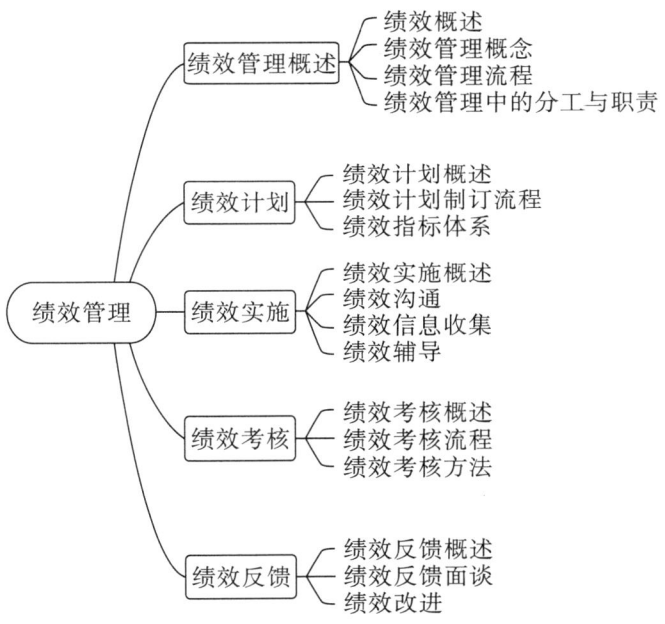

【学习目标】

1. 了解绩效和绩效管理的概念
2. 理解绩效管理中的分工与职责
3. 掌握绩效计划的制订流程
4. 掌握绩效指标体系的构建
5. 理解绩效沟通、绩效辅导的内容
6. 掌握绩效考核方法
7. 掌握绩效改进的内容

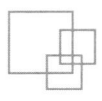
案例导入

W公司是一家外贸公司，主要是从事海外贸易。由于受国际竞争形势的影响，公司董事长为了提高员工的工作效率，决定在公司内部引入绩效管理来代替多年的单纯职级工资制度。听到这个消息，全厂员工十分开心。当月公司的生产效率就有了比较明显的提高。按照以前的工资制度，在公司所处层级决定了薪酬水平。如果实行绩效管理体制，薪水除与职级别挂钩外，也与工作绩效紧密相连。于是人力资源部门在董事长的授权下，开始紧锣密鼓地制定绩效管理制度。

新制度规定，为了对员工进行有效激励，提高工作效率，公司将每半年实施一次绩效考评，普通员工与主管及以上人员分开进行评估。考评成绩与奖金挂钩，绩效考评最优秀的普通员工可以获取其考评前6个月平均工资3倍的奖金，绩效考评最优秀的主管及以上人员可获得其平均工资2倍的奖金。

由于迫切想知道新制度的实施效果，董事长要求人力资源部门依据新制度对全厂员工过去6个月的工作绩效进行评估，并依据评估结果发放奖金。

4.1 绩效管理概述

4.1.1 绩效

4.1.1.1 绩效概念

绩效是指工作的业绩与效率。绩是业绩，即员工的工作结果；效是效率，即员工的工作过程。

管理学认为，绩效是企业期望的结果，是企业为实现目标而展现在不同层面的有效输出。包含个人绩效和企业绩效两个方面。经济学认为，绩效是员工对企业的承诺，薪酬是企业对员工所做出的承诺，这种观点主要围绕资源投入与产出关系展开，关注如何通过有效配置资源实现效益最大化，涉及个人与企业两个层面。社会学认为，绩效意味着每个社会成员按照社会分工所确定的角色而承担职责。绩效不仅关乎个人或企业的工作成果，还涉及社会结构、社会互动、社会价值等多个层面，反映了个人、企业与社会之间的相互关系。

目前，对个人绩效的界定有三种观点，即结果论、行为论、能力论，见表4.1。

表4.1 三种绩效观点

观点	结果论	行为论	能力论
内涵	绩效是结果	绩效是行为	员工具备的能力与绩效有关
关注点	最终成果、目标达成度	行为表现、工作执行、能力运用	专业技术能力、沟通能力、问题解决能力
优点	具有操作性和激励性	有利于指导和帮助员工，能够使员工正确地做事	关注长期发展潜力，促进能力提升与绩效改进
缺点	忽视过程、外部因素可能影响结果的公平性，缺乏前瞻性，容易导致短期利益	对行为的理解有较大差异，评估难度大，过分强调过程，忽视实际的工作成果	评估主观性大，能力不是影响绩效的唯一因素，评估准确性差

笔者认为，绩效是为了实现企业目标，员工在工作过程中所表现的工作业绩、能力和态度。其中，工作业绩是指工作的结果，包括数量和质量；能力和态度指工作的行为或过程。

4.1.1.2 绩效特征

（1）多因性。绩效的优劣不是由单一因素决定的，而是受技能、激励、环境和机会等多种因素的综合影响。

（2）多维性。绩效需要从多个维度、多个角度去分析与评价，不能仅依据单一指标判断。一方面，考核客体需要多维度，因为员工的绩效往往体现在多个方面，如工作结果、工作行为、工作能力等；另一方面，考核主体可以多维度，考核时，不仅员工本人可以做出评价，其上级、同事、客户等都可以进行评价。

（3）动态性。绩效并非固定不变的，而是随着时间推移、内外部环境变化而改变，随着时间的推移，绩效差的员工可能改进，绩效好的员工也可能退步。员工通过学习新知识、新技能，积累经验，提升能力，从而推动绩效提高。

4.1.1.3 绩效类型

（1）按主体分。

①组织绩效。组织绩效反映整个企业运营的成效，代表企业达成战略目标

的程度，是企业内各部门、全体成员共同作用的结果。组织绩效的投入指的是企业所具备的素质，包括企业的硬件建设和投入、内部的管理机制、职业化的管理者和员工等，在统一价值观下，企业成员相对一致的行为模式就成了转换过程，他们共同带来企业最终绩效的实现。组织绩效往往通过财务指标、运营指标和市场指标来体现。

②团队绩效。团队绩效指团队整体工作所达成的成果，取决于团队成员之间的协作、沟通及各自能力的发挥。团队目标的一致性是关键，成员之间相互合作。例如，一个软件开发团队，程序员、测试人员、设计师等需互相协作，共同完成软件项目的开发与交付。团队绩效不仅要看项目是否按时完成，而且要考量软件的质量、是否满足用户需求等。

③个人绩效。个人绩效是员工在工作岗位上的工作行为、工作结果及其对企业的贡献程度。

无论是组织绩效还是个人绩效，其实现过程都应包括投入、转换和产出三个部分，其中个人绩效影响团队绩效，团队绩效成就组织绩效，组织绩效、团队绩效、个人绩效三者构成全面绩效管理结构，如图4.1所示。

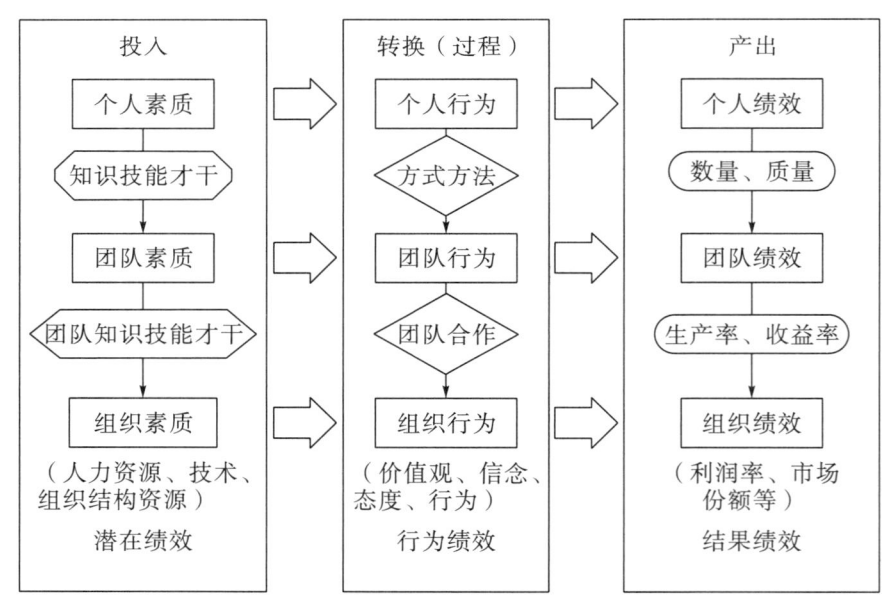

图 4.1　全面绩效管理结构

(2) 按工作性质分。

①任务绩效。任务绩效是与具体职务的工作内容密切相关的，也与个体能

力、完成任务的熟练程度和工作知识密切相关的绩效。例如,对于生产线上的工人,单位时间内生产的合格产品数量就是任务绩效的重要指标;对于销售人员,销售额、销售利润等是衡量任务绩效的关键。

②周边绩效。周边绩效又称为关系绩效,是指与周边行为有关的绩效,指通过提供能够促进任务绩效发生的良好环境来帮助企业提升效率的行为。它强调员工在工作过程中表现出的有助于营造良好工作氛围、促进团队协作的行为,包括主动帮助同事解决工作难题、积极参与团队活动、传播正能量等,这些行为虽与具体工作任务没有直接关联,但对组织绩效提升具有重要意义。例如,在一个项目团队中,某位成员主动分享自己的经验和知识,帮助新成员快速上手工作,这种行为就属于周边绩效的范畴。

4.1.1.4 影响绩效的因素

影响绩效的因素复杂多样,通常可归纳为技能、激励、环境和机会四个主要方面,其中技能和激励为内因,环境和机会为外因,它们相互作用,共同决定了个人或组织的绩效水平,如图 4.2 所示。

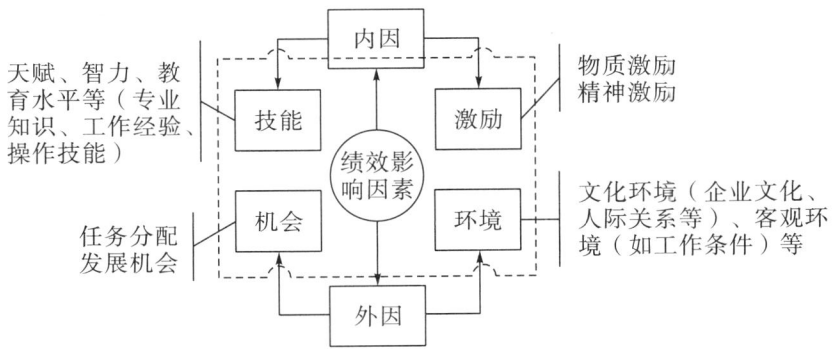

图 4.2 绩效的影响因素

(1) 技能。技能是指个人的天赋、智力、教育水平等个人特点,包括专业知识、工作经验、操作技能等。员工对所在领域专业知识的掌握程度,是开展工作的基础。经验丰富的员工熟悉工作流程,能快速识别问题并找到解决方案。

(2) 激励。激励政策会影响员工工作的积极性,员工的需要结构、感知、价值观等,包括物质激励和精神激励。

(3) 环境。环境指工作环境,包括文化环境(企业文化、人际关系等)、客观环境(如工作条件)等。

（4）机会。机会指承担某种工作任务的机会，包括任务分配、发展机会等。合理的任务分配能让员工充分发挥自身优势，提高绩效。

4.1.2 绩效管理概念

绩效管理是企业为实现战略目标，通过系统的方法和流程，对员工的工作表现、工作成果以及能力发展进行规划、评估、反馈和提升的持续动态过程。在这个过程中，持续沟通是核心环节，包括绩效计划与指标体系构建、绩效计划实施与过程控制、绩效考核与评价、绩效反馈与面谈、绩效考核结果的应用等过程。

绩效管理与工作分析、招聘录用、薪酬管理、培训开发和人力资源规划，共同构成基于能力的人力资源管理系统。在这个有机整体中，绩效管理体系是中枢，连接并协调各个部分，确保整个系统高效运转。人力资源管理系统如图4.3所示：

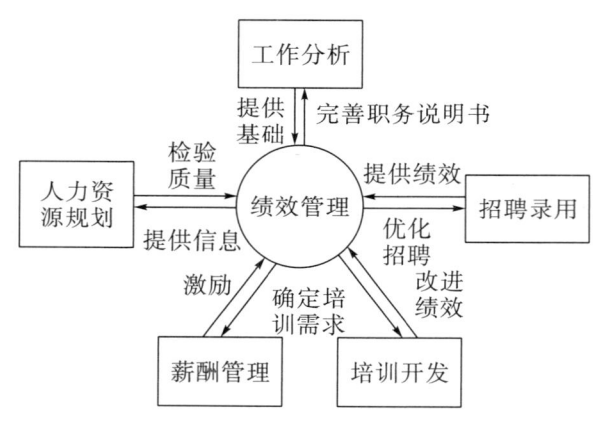

图 4.3　人力资源管理系统

（1）绩效管理与工作分析的关系。工作分析是绩效管理的基础。在绩效管理中，对员工进行绩效考核的主要依据就是实现设定的绩效目标，而绩效目标的内容在很大程度上来自通过职位分析所形成的职位说明书。借助职位说明书来设定员工的绩效目标，可以使绩效管理工作更有针对性。

（2）绩效管理与人力资源规划的关系。绩效管理对人力资源规划的影响主要表现在人力资源质量的预测方面，借助绩效管理系统，能够对员工目前的知识和技能水平做出准确的评价，可以为人力资源需求质量的预测提供有效的信息。

(3) 绩效管理与招聘录用的关系。绩效管理与招聘录用的关系是双向的。首先,通过对员工的绩效进行评价,比较不同招聘渠道的质量,从而优化招聘渠道。此外,对员工绩效的评价也是检测甄选录用系统效度的一个有效手段。其次,招聘录用会对绩效管理产生影响,如果招聘录用的员工质量比较高,其在实际工作中就会表现出良好的绩效,这样就可以大大减轻绩效管理的负担。

(4) 绩效管理与培训开发的关系。绩效管理与培训开发也相互影响,通过对员工的绩效做出评价,可以发现培训的"压力点",在对"压力点"做出分析之后就可以确定培训需求;培训开发是改进员工绩效的一个重要手段,有助于实现绩效管理的目标。

(5) 绩效管理与薪酬管理的关系。绩效管理与薪酬管理的关系是最直接的,按照赫茨伯格的双因素激励理论,如果将员工的薪酬与他们的绩效挂钩,使薪酬成为工作绩效的一种反映,就可以使薪酬发挥更大的激励作用。

4.1.3 绩效管理流程

绩效管理是一个循环过程,旨在确保员工的工作活动和产出与企业目标保持一致,通过提升个人绩效来推动组织绩效提升。绩效管理流程如图4.4所示。

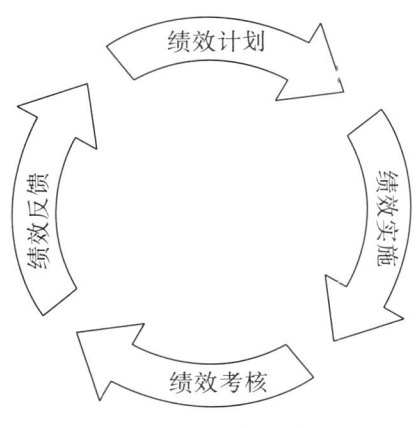

图4.4 绩效管理流程

(1) 绩效计划。制定绩效计划的主要依据是工作目标和工作职责。企业在制定绩效计划时,管理者和员工首先应该明确公司战略计划、本部门工作计划、员工职责和上年度绩效反馈,然后就本年度工作计划展开讨论,并就员工的工作分配与职责达成共识。

（2）绩效实施。制订绩效计划后，员工就按照计划开展工作。在工作过程中，管理者要对员工的工作进行指导和监督，对发现的问题及时予以解决，并根据需要对绩效计划进行调整。

（3）绩效考核。指在绩效周期结束时，管理者和员工使用既定的评价方法与技术，对员工的工作绩效进行评价的过程。绩效考核是一个动态的持续过程。

（4）绩效反馈。指绩效周期结束时，在管理者和员工之间进行绩效评价面谈，使员工充分了解和接受绩效评价的结果，并由管理者指导员工在下一周期改进绩效的过程。

4.1.4 绩效管理中的分工与职责

绩效管理是一项涉及企业各个层面，需要全员协同合作的系统工程。在这个过程中，不同层级的管理者与各个部门都承担着不可或缺的职责。

4.1.4.1 高层管理者：战略引领和资源保障

（1）战略规划与目标设定。高层管理者基于对市场环境、行业趋势和企业优势的分析，制订长远的企业发展战略，明确企业的愿景、使命和目标。接着将企业战略转化为具体、可衡量的绩效目标，并确保这些目标与企业整体战略方向一致。这些目标将为整个企业的绩效管理提供明确的导向。

（2）资源配置与政策支持。高层管理者需要确保企业有足够的人力、物力和财力资源来支持绩效管理工作的开展；批准和推动绩效管理相关政策、制度和流程的制定与实施，营造有利于绩效管理的企业文化和工作氛围。

4.1.4.2 中层管理者：承上启下和组织执行

（1）目标分解与计划制订。中层管理者承接高层管理者下达的组织绩效目标，将其细化并合理分解到本部门的各个团队与岗位。同时，围绕这些目标制订详细的部门绩效计划，明确各项工作的时间节点、责任人及所需的资源支持，确保部门内的每一位成员都清楚知晓自己的工作任务与努力方向。

（2）过程监控与绩效辅导。在绩效执行过程中，中层管理者密切追踪员工的工作进展，通过定期的部门会议、项目汇报等方式，及时了解工作中出现的问题与偏差。针对这些问题，中层管理者一方面为员工提供专业的指导与建议；另一方面协调企业内部资源，为员工提供必要的支持。

（3）绩效评估与结果反馈。依据既定的绩效标准与考核方法，中层管理者对本部门员工的绩效进行客观、公正的评估。评估结束后，及时与员工进行绩效反馈面谈。

4.1.4.3　基层管理者：具体落实和日常监督

（1）目标传达与任务细化。基层管理者将中层管理者分解到本团队的绩效目标清晰、准确地传达给每一位员工，确保员工深刻理解个人工作与企业目标之间的紧密联系。同时，将团队绩效目标进一步细化为员工的日常工作任务，明确每项任务的具体要求、质量标准及完成时间节点。

（2）日常监督与实时指导。在员工的日常工作过程中，基层管理者进行实时监督，确保工作按照既定的计划与标准有序进行。

（3）数据收集与初步评估。基层管理者负责收集和记录员工的日常工作绩效数据，这些数据是绩效评估的重要依据。例如，记录员工的工作完成数量、质量达标情况、工作态度表现、出勤情况等，形成详细、准确的日常绩效记录。在绩效考核周期结束时，根据收集的工作绩效数据及对员工工作的全面观察，对员工进行初步的绩效评估，为中层管理者的最终评估提供翔实、客观的参考。

4.1.4.4　非人力资源部门：积极参与和协同推进

（1）提供专业视角与数据支持。每个部门都拥有其独特的专业知识与业务领域，在绩效指标的设定过程中，能够从自身专业角度出发，为人力资源部门提供有价值的建议。

（2）融入日常工作与自我管理。非人力资源部门的员工应将绩效管理理念融入日常工作中，将个人绩效目标与部门和企业目标紧密结合，积极主动地进行自我管理。

综上所述，绩效管理贯穿企业的各个层面与各个部门，只有高层管理者、中层管理者、基层管理者及全体员工共同参与、协同合作，形成一个有机整体，才能使绩效管理体系真正发挥其应有的作用，实现企业与员工的共同成长与发展。

4.2 绩效计划

4.2.1 绩效计划概念

绩效计划是指管理者与员工共同就员工在特定绩效周期内的工作目标、任务、标准、权重及实现目标所需的资源、行动方案等进行沟通并达成共识,以书面形式确定下来的一种管理活动。它是绩效管理的起点与基础,对后续的绩效执行、评估与反馈等环节起着关键的引导作用。

(1) 理解绩效计划需要注意几点:

①共同参与。强调管理者与员工共同参与制定过程。双方基于平等的沟通,充分交换意见,员工的参与能使其更深入理解企业目标,并将个人目标与企业目标相结合,增强对绩效计划的认同感与执行的积极性。

②特定绩效周期。绩效计划是针对特定时间段制定的,如月度、季度、年度等。不同周期的绩效计划应与企业的战略规划及业务节奏相匹配。

③明确内容。涵盖工作目标、任务、标准、权重等核心要素,是关于工作目标和衡量标准的契约。

④资源与行动方案。除了明确目标和任务,绩效计划还需确定实现目标所需的资源,如资金、设备、人力支持、培训等,以及为达成目标而制定的详细行动方案。

⑤书面确定。以书面形式将绩效计划确定下来,形成正式的文档。

(2) 绩效计划的制订需遵循一系列原则,以确保其科学性、有效性与可行性,从而为绩效管理奠定坚实基础。

①价值驱动原则。这是绩效计划制订过程中的一项重要原则,强调企业的各项绩效活动都应以创造价值为核心导向,确保企业资源的有效配置和员工行为与企业目标的高度契合。

②流程系统化原则。绩效计划应与战略规划、资本计划、经营预算计划、人力资源管理等各个环节相互关联、相互作用,共同服务于企业目标的实现。

③突出重点原则。其主要体现在绩效指标的选取和绩效目标的制定上,要突出关键,突出重点。

④全员参与原则。绩效计划的制订不应仅由上级管理者单方面决定,而应

鼓励各级员工积极参与。在参与过程中,管理者与员工之间应进行充分的沟通与协商,就目标设定、任务分配、资源需求等问题展开讨论,达成共识。

⑤可行性原则。其指是否考虑了内外部环境因素、目标与标准是否可衡量、计划的灵活性与调整性是否具备等。

⑥足够激励原则。其通过合理设计绩效目标、考核标准及激励措施,充分激发员工的工作积极性、主动性和创造性,使员工为实现企业目标全力以赴。

⑦客观公正原则。客观公正原则指绩效目标设定、绩效指标选取、绩效标准制定、绩效评估过程、绩效结果运用等是否客观公正。它确保绩效管理的可信度与有效性,关乎员工的工作积极性和企业的公平文化建设。

(3) 绩效计划作为绩效管理的起始环节,为后续的绩效评估、反馈与改进提供了重要依据。一份完整的绩效计划通常包含以下内容:

①绩效目标。绩效目标是企业战略目标在特定绩效周期内的具体体现,通过层层分解,将企业的整体目标细化到各个部门和岗位。绩效目标应符合SMART原则,即具体(Specific)、可衡量(Measurable)、可达成(Attainable)、相关(Relevant)和有时限(Time-bound)。

②绩效指标。绩效指标是对工作行为及结果的一种量化或定性描述,用于衡量绩效目标的达成程度。它是连接企业战略与员工日常工作的桥梁,将抽象的战略目标转化为具体可衡量的工作要求。

③绩效标准。绩效标准用于界定绩效指标达到何种程度。绩效标准应具有可操作性,能够在实际工作中进行衡量和判断。明确的绩效标准可使员工清楚知道自己的工作成果将如何被评价,也可为管理者提供客观的评估尺度。

④行动计划。行动计划是为实现绩效目标而制定的具体行动方案,它将绩效目标分解为一系列具体任务,并明确每个任务的执行步骤和时间节点。

⑤资源分配与责任落实。明确完成各项任务所需的资源,包括人力、物力、财力等,并将任务责任落实到具体的人员或团队。

⑥能力发展计划。通过对员工现有能力与绩效目标要求之间差距的分析,确定员工在绩效周期内需要提升的能力领域,为员工制定个性化的能力发展计划,包括培训课程、学习活动、实践项目等。

⑦绩效沟通与反馈安排。明确在绩效周期内管理者与员工之间沟通的方式、频率和时间安排。确定绩效反馈的方式,明确反馈的内容,包括工作表现评价、绩效目标达成情况、存在的问题及改进建议等。

4.2.2 绩效计划制订流程

绩效计划的制订是一个系统性、互动性的过程，涉及组织内不同层级人员的参与和协作，要确保绩效计划既符合企业战略目标，又能得到员工的认同与有效执行。

4.2.2.1 准备阶段

（1）企业战略与目标分析。高层管理者和战略规划团队需对企业的长期战略、年度目标及近期重点工作进行深入解读，将企业战略转化为可操作的关键成功因素，为后续绩效计划制订提供明确方向。

（2）收集相关信息。从企业内部收集过往绩效数据，了解各部门、各岗位的绩效表现趋势，如哪些部门在过去业绩突出，哪些岗位存在绩效提升空间等。同时，梳理企业的资源状况，包括人力、物力、财力等，明确可用于支持员工达成绩效目标的资源限度。收集企业外部信息，如行业动态、市场竞争态势及政策法规变化等。

（3）确定参与人员及职责。明确绩效计划制订过程中涉及的人员，通常包括高层管理者、人力资源部门人员、各部门主管及基层员工。高层管理者负责把控绩效计划与企业战略的一致性，提供宏观指导和资源支持决策。人力资源部门作为组织者和协调者，负责制订绩效计划的流程、提供技术支持、汇总和审核各部门的绩效计划。各部门主管将企业目标分解到本部门，与下属员工沟通并共同制订部门及员工的绩效计划，确保部门绩效目标与企业目标一致，并考虑部门内资源分配和员工能力特点。基层员工积极参与个人绩效计划制订，提供自身工作相关信息和建议，确保绩效计划符合实际工作情况且具有可操作性。

4.2.2.2 沟通与目标设定阶段

（1）企业目标传达。高层管理者通过会议、内部文件等形式，向各部门主管传达企业战略目标和年度重点工作。例如，召开年度战略部署会议，详细阐述企业在新一年的市场拓展、产品创新等方面的目标，使各部门主管清晰了解企业整体发展方向。各部门主管在部门内部会议上，进一步向员工传达企业目标，并结合部门职责，初步解读企业目标对本部门工作的要求。

（2）部门目标设定。各部门主管根据企业目标，结合部门实际情况，制定本部门的绩效目标。在制定部门目标时，部门主管需考虑部门内各岗位的职责和相互关系，确保目标的实现具有整体性和协调性。

（3）个人目标设定。部门主管与员工进行一对一的沟通，根据部门目标和员工岗位职责，共同探讨并设定员工个人的绩效目标。鼓励员工积极参与，表达自己对工作的想法和期望，确保目标既具有挑战性，又在员工可实现的范围内。

4.2.2.3　绩效指标与标准确定阶段

（1）绩效指标设计。根据绩效目标，设计具体的绩效指标。

（2）绩效标准设定。为每个绩效指标确定明确的绩效标准，即达到何种程度，是优秀、良好、合格或不合格。

4.2.2.4　审核与调整阶段

（1）部门内审核。部门主管对部门内各岗位的绩效计划进行审核，检查绩效目标、绩效指标和绩效标准是否与部门目标一致，是否符合SMART原则，是否考虑了员工的实际情况和部门资源。

（2）跨部门审核与协调。人力资源部门组织跨部门审核，确保各部门之间的绩效计划相互协调、支持，避免出现目标冲突或重复工作。对于跨部门存在的问题，相关部门共同协商解决，必要时由高层管理者进行协调。

（3）高层审核与批准。人力资源部门将汇总后的各部门绩效计划提交给高层管理者进行最终审核。高层管理者从企业战略层面进行把关，确保绩效计划与组织的长期发展目标一致，资源分配合理，能够有效推动企业整体绩效提升。

4.2.2.5　绩效计划确定与沟通阶段

（1）绩效计划确定。经过审核和调整后，确定最终的绩效计划。将绩效计划以书面形式呈现，包括绩效目标、绩效指标、绩效标准、行动计划、资源需求等内容，形成正式的绩效计划文档。绩效计划文档需由员工、部门主管和高层管理者签字确认，明确各方的责任和义务，确保绩效计划具有严肃性和约束力。

（2）绩效计划沟通与培训。组织专门的绩效计划沟通会议，由人力资源部门和各部门主管向员工详细解读绩效计划的内容、意义和实施要求。

4.2.3 绩效指标体系

绩效指标体系是一套用于衡量企业、部门或员工工作绩效的结构化指标的集合，它基于企业战略目标，通过对工作流程和关键成功因素的分析，提炼出一系列可量化或可定性评价的指标，以全面、准确地评估工作表现和目标达成情况。

绩效指标指对员工绩效（态度、行为、能力和业绩等因素）进行衡量或评估的指标维度。它既是用来衡量绩效目标达成的标尺，即通过对绩效指标的具体评价来衡量绩效目标的实现程度，又是绩效考核的内容和载体。

绩效指标作为衡量工作表现与成果的关键工具，其构成要素是确保指标科学性、有效性和可操作性的基础。

4.2.3.1 绩效指标构成要素

（1）指标名称。是对所衡量内容的高度概括，其简洁明了地指出了指标所关注的工作领域或成果方向。

（2）指标定义。是对指标名称的详细解释，明确界定指标具体衡量的内容、范围及计算方式等。解决了"指标到底是什么"的问题，避免因理解差异导致的评估混乱。

（3）指标目的。阐述了设置指标的原因，即指标与企业战略、业务目标或管理需求之间的关联，明确为什么要衡量这一内容。

（4）计算方法。规定了如何获取和处理数据，以得出指标的具体数值。详细说明了数据的来源、计算公式及计算过程中的注意事项等。例如，销售利润率的计算方法是：销售利润率＝销售利润÷销售额×100％。销售利润为销售收入减去销售成本及相关费用后的余额，销售额以财务报表中的实际销售收入为准。明确了数据的获取途径和具体计算方式。

（5）数据来源。指获取指标所需数据的出处，可以是企业内部的各种信息系统、报表、记录，也可以是外部的调查机构、行业报告等。例如，员工培训参与率的数据来源可能是公司内部的培训管理系统，该系统记录了每个员工参加培训的情况。

（6）指标标准。是对指标应达到水平的具体描述，规定了在一定时期内，被评估对象应达到的目标值或目标范围，通常分为优秀、良好、合格、不合格等不同等级。

4.2.3.2 绩效指标分类

（1）按绩效考核的内容分。

主要分为工作业绩指标、工作能力指标、工作态度指标。

工作业绩指标聚焦于员工工作所达成的成果与效益，是对员工工作产出的直接衡量。它体现员工在特定时期内完成工作任务的数量、质量、效率及对企业目标的贡献程度，具有较强的客观性与可量化性，是绩效考核中最为直观且关键的部分。

工作能力指标旨在评估员工完成工作任务所具备的知识、技能、经验及潜在能力。它考量员工是否具备高效完成工作的综合素质，虽不像工作业绩指标那样直观、可量化，但对员工未来的工作表现及职业发展具有重要的预测作用。

工作态度指标主要衡量员工对工作的认知、情感和行为倾向，体现员工在工作中的积极性、责任心和敬业精神等。工作态度虽不直接等同于工作成果，但对员工的工作行为和业绩有着重要的影响，积极的工作态度往往能促进更好的工作表现。

（2）按性质分。

主要分为定量指标和定性指标。

定量指标以具体数据为表现形式，能够通过精确的数值来衡量工作成果或效率。这类指标具有直观、明确、可对比的特点，能清晰地反映出工作在数量、质量、成本、时间等方面的表现。

定性指标通过描述性语言对工作行为、态度、能力、工作过程等难以用具体数据精确量化的方面进行评价。虽然定性指标不能直接用数字衡量，但可以通过行为描述、等级评定等方式衡量，具有一定的可衡量性。

（3）按平衡计分卡维度分。

主要分为财务维度指标、客户维度指标、内部流程维度指标、学习与成长维度指标。

财务维度指标聚焦于企业的财务绩效，反映企业的盈利能力、偿债能力、运营效率等财务状况，是企业经营成果的直接体现，与股东利益密切相关，如营业收入、资产回报率、现金流等。

客户维度指标关注客户对企业产品或服务的感知和反馈，衡量企业满足客户需求的程度，反映企业在市场中的竞争力，如客户满意度、客户投诉率、客户忠诚度等。

内部流程维度指标着眼于企业内部业务流程的运行效率和效果，涵盖从产品研发、生产制造到销售服务等各个环节，旨在优化流程、提高质量、降低成本，以实现企业的战略目标，如生产效率、产品质量合格率、订单处理周期等。

学习与成长维度指标强调企业和员工的学习与发展能力，关注员工素质提升、企业文化建设及信息系统的完善等方面，为企业的长期发展提供动力和支持，如员工培训参与率、员工流失率、信息系统更新及时率等。

4.2.3.3 绩效指标设计原则

（1）战略导向原则。绩效指标应与企业战略紧密相连，将企业战略目标分解为具体可衡量的指标，使各级员工的工作都围绕企业战略方向展开。

（2）SMART 原则。

（3）全面性与重点性相结合原则。既要全面覆盖企业运营的各方面，又要突出关键业务领域和重点工作。

（4）可行性与可操作性原则。绩效指标基于企业实际情况，数据易于获取和计算，标准明确且可操作。

4.2.3.4 绩效指标体系构建流程

（1）明确企业战略目标。深入理解企业的使命、愿景和长期战略规划，确定短期和中期的具体目标。例如，一家互联网企业计划在未来两年内成为行业内用户活跃度领先的平台，短期目标可能是提高日活用户数、增加用户使用时长等。这一步是构建绩效指标体系的基础，后续所有指标都应围绕这些目标展开。

（2）开展工作分析。对各部门、各岗位的工作职责、任务、流程进行详细分析。通过访谈、问卷调查、现场观察等方法，梳理出每个岗位的关键工作内容和对企业的贡献点。例如，分析市场营销岗位，了解其工作包括市场调研、推广活动策划与执行、客户关系维护等关键任务。

（3）提炼绩效指标。将企业战略目标分解为部门和岗位的具体指标。借鉴行业内优秀企业的绩效指标，结合自身实际情况进行调整。

（4）确定指标权重。根据指标对企业战略和业务的重要程度分配权重。可采用经验判断法、层次分析法、德尔菲法等。

（5）设定绩效标准。明确指标达到何种程度，如优秀、良好、合格、不合格。可参考历史数据、行业标杆、企业目标等，确保绩效标准既具有挑战性又具有可实现性。

(6) 审核与完善指标体系。组织内部相关人员对绩效指标体系进行审核。检查指标是否符合企业战略、是否全面合理、是否具有可操作性等。同时，征求员工意见，根据反馈进行调整和完善。定期对指标体系进行评估，根据企业战略调整、业务变化等及时优化。

4.2.3.5 构建指标体系的注意事项

(1) 指标数量适度。避免指标过多过杂，使员工明确工作重点。一般来说，每个岗位的关键绩效指标数量控制在 5～8 个为宜，确保员工能够聚焦核心工作。

(2) 定性与定量指标相结合。定量指标能提供客观数据，定性指标可补充无法量化的重要方面，如员工的工作态度、团队协作能力等。例如，在评估管理人员时，除了业绩等定量指标，还应结合领导能力、沟通能力等定性指标进行全面评价。

(3) 体现差异性。不同部门、不同岗位的工作性质和重点不同，绩效指标应有所差异。如研发部门注重创新能力和项目成果，生产部门侧重产量和质量，销售部门关注销售额和客户拓展。

(4) 动态调整。企业内外部环境不断变化，绩效指标体系也应随之进行动态调整。如市场竞争加剧时，可增加成本控制、市场份额相关指标；组织业务拓展时，及时补充新业务相关指标。

4.3 绩效实施

4.3.1 绩效实施概述

绩效实施是绩效管理过程中的关键环节，这一环节的工作成效决定了企业绩效计划能否有效实施。它将绩效计划转化为实际行动，确保企业和员工朝着既定的绩效目标努力。同时绩效实施阶段也是绩效管理中影响因素较复杂、耗时最长的阶段，很容易被忽视。

4.3.1.1 绩效实施概念

绩效实施指在绩效周期内，员工依据绩效计划开展工作，管理者通过持续

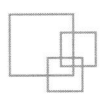

的沟通与指导，确保员工的工作活动与绩效目标保持一致，并及时解决工作中出现的问题，以推动绩效目标实现的过程。它涵盖员工的日常工作执行及管理者的监督与支持等一系列行为。

4.3.1.2 绩效实施作用

（1）绩效目标实现的保障。绩效实施是将绩效计划从文本落到实际工作的关键步骤。通过员工积极执行工作任务，管理者实时监督与调整，保障各项工作按计划推进，最终实现企业和员工的绩效目标。

（2）有效促进员工发展的路径。在绩效实施过程中，管理者与员工持续沟通，及时给予反馈和指导。员工能明确工作表现与目标的差距，了解自身优势与劣势，从而有针对性地改进和提升。例如，管理者指出员工在项目管理中时间把控能力不足，员工可通过学习时间管理技巧，提升这方面的能力，实现个人成长。

（3）强化企业协同的方式。绩效实施涉及企业内各部门的协同工作。各部门和员工围绕共同的绩效目标，明确各自职责与协作关系，加强信息共享与沟通，提高企业整体的协同效率。

4.3.1.3 绩效实施流程

（1）绩效沟通。建立定期和不定期的沟通机制。定期沟通如周会、月会等，用于总结工作进展、分享经验、解决共性问题；不定期沟通针对突发问题或重要事项进行，如员工汇报工作进展，共同讨论解决遇到的问题。需要管理者与员工之间进行双向反馈。管理者要及时向员工反馈工作表现，指出优点和不足，提出改进建议；员工要向管理者反馈工作中的困难、需求及对绩效计划的看法等。

（2）绩效辅导。在绩效实施过程中，及时识别员工遇到的问题，包括技术难题、资源短缺、流程不畅、人际关系等。针对问题，管理者与员工共同分析原因，制定切实可行的解决方案。

（3）绩效记录与信息收集。一方面管理者和员工共同记录绩效实施过程中的关键事件、工作成果、绩效数据等。另一方面对绩效计划、工作汇报、沟通记录、问题解决方案等相关文档进行妥善管理，便于查阅和追溯。

4.3.2 绩效沟通

4.3.2.1 绩效沟通概念

绩效沟通是绩效管理过程中至关重要的环节,指管理者与员工在绩效管理的全过程中,为了确保绩效目标的达成、提升员工工作绩效和促进员工发展,围绕工作绩效相关信息进行的持续、双向的交流与互动。这一过程涵盖绩效目标设定、绩效实施与监控、绩效评估、绩效反馈等各个环节。绩效沟通贯穿绩效管理过程的始终,在其流程中的任何一个环节都发挥着重要的作用。

4.3.2.2 绩效沟通目的

(1) 对绩效计划进行调整。作为绩效考评基础的目标责任书、工作计划表必须在有效沟通的基础上完成。企业内外部环境不断变化,市场竞争态势、客户需求及政策法规等因素都可能对工作目标产生影响。通过持续沟通,管理者与员工能够及时了解这些变化,并相应地调整绩效计划,确保员工的工作始终与企业战略目标保持一致。

(2) 提升员工绩效。员工了解工作任务、质量标准和时间要求等绩效期望是提升绩效的前提。绩效沟通中,管理者清晰阐述期望,避免员工工作方向偏差。管理者通过沟通及时发现员工可能因各种因素偏离绩效目标问题并提供反馈,帮助员工调整工作方法与进度。通过及时反馈,认可与表扬员工工作成果,能增强员工的成就感与自信心,激发员工的工作动力。同时,针对不足提出建设性意见,帮助员工认识提升空间,明确努力方向。

(3) 促进员工发展。绩效沟通不仅关注工作结果,而且涉及员工能力评估。管理者依据员工表现,分析其优势与劣势,与员工共同制订能力发展规划。同时,管理者在沟通中也会根据员工兴趣、能力与发展机会,为其规划职业发展路径。

4.3.2.3 绩效沟通内容

绩效沟通的主要问题通常如下:员工之前工作开展的情况怎样?哪些地方做得很好?哪些地方需要纠正或改善?员工是在努力实现工作目标吗?如果偏离目标,管理者应该采取什么纠正措施?管理者能为员工提供什么帮助?是否有外界发生的变化影响工作目标?如果目标需要改变,如何进行调整?当前还存在着哪些威胁？

针对这些问题，绩效沟通的内容可以概括为三个方面：

(1) 工作进展沟通。员工定期向管理者汇报工作进展情况，包括已完成的任务、正在进行的工作及遇到的问题。

(2) 绩效偏差分析。当工作进展与绩效目标出现偏差时，共同分析原因：是目标设定不合理、外部环境变化，还是员工自身能力不足、资源短缺等。例如，某部门业绩未达预期，经分析发现是市场竞争加剧，竞争对手推出了更具性价比的产品，影响了产品的销售。

(3) 调整与支持。根据偏差分析结果，探讨是否需要调整绩效计划，如调整目标、改变工作方法或提供额外支持等。例如，鉴于市场竞争情况，决定加大市场推广力度，增加广告投放预算，并为销售团队提供具有针对性的产品培训，以提升销售技巧。

4.3.2.4 绩效沟通方式

绩效沟通方式多种多样，包括口头沟通、书面沟通、会议和谈话等。不同沟通方式适用于不同场景与目的，合理运用可提升沟通效果，助力绩效管理。总的来说，绩效沟通方式可分为正式与非正式绩效沟通两大维度。

(1) 正式绩效沟通。

①书面报告。员工以书面形式，定期或针对特定任务向管理者汇报工作进展、成果、问题及建议。报告形式多样，如周报、月报、项目报告等。通常适用于：工作成果需详细数据、图表支撑，便于管理者全面了解；工作流程规范、信息需留存记录以供后续查阅；管理者与员工异地办公，面对面沟通不便。书面报告的内容包括工作进展、工作成果、问题与挑战、经验与反思、未来计划，见表4.2。

表 4.2 书面报告的内容

内容	细节	示例
工作进展	任务名称、完成程度、交付成果、所处阶段等	完成了产品的市场调研，形成了一份涵盖目标客户群体、竞争对手产品分析的报告，已提交给产品设计团队
工作成果	定量和定性地呈现工作带来的实际效益	通过优化广告投放策略，本月广告点击率提升了20%，为网站带来了15%的流量增长

续表

内容	细节	示例
问题与挑战	坦诚指出工作中遇到的困难,如资源短缺、技术瓶颈、跨部门协作障碍等,并分析其对工作的影响	因项目预算调整,部分设备采购延迟,导致生产进度滞后了一周。已与财务部门沟通,申请紧急资金,确保设备尽快到位
经验与反思	分享工作过程中的经验教训,以及对工作方法、流程改进的思考	在本次活动执行中,发现提前与供应商签订详细合同可有效避免后期纠纷,建议在今后类似活动中推广
未来计划	明确下一周期的工作目标、任务安排和预期成果	下周计划完成产品的原型设计,争取在月底前启动内部测试

②一对一正式会谈。管理者与员工定期进行一对一的面谈,以便双方都能了解与工作和绩效相关的一些具体情况和临时变化。一般固定周期开展,如月度、季度或年度。通常是在绩效周期结束时,全面回顾员工绩效表现,给予综合反馈;或者员工绩效出现显著波动,需深入探讨原因及解决方案时使用。

这种方式通常由以下五个阶段构成:

A. 会谈前准备。其包括资料收集、确定会议议程、选择合适环境等。管理者需全面收集员工绩效数据,如工作成果、项目报告、客户反馈、考勤记录等,为客观评价提供依据。

B. 会谈开场。建立融洽氛围,明确会议目的。以轻松的话题开启会谈,如询问员工近期工作感受、生活情况等,缓解员工紧张情绪,营造良好的氛围。简要阐述会谈的主题与重要性,使员工清晰了解沟通方向与预期成果。

C. 主体内容沟通。进行绩效反馈,管理者依据准备的资料,客观、具体地反馈员工绩效情况。肯定优点,指出不足。

D. 会谈总结。首先是确认共识,简要回顾会谈要点,确认双方在绩效评价、改进措施、发展计划等方面达成的共识。其次是明确后续行动,确定双方在后续工作中的责任与行动步骤,设定时间节点,确保计划落地实施。

E. 会谈结束。一方面,对员工表达信心与鼓励,增强员工的工作动力与积极性。另一方面,管理者及时整理会谈记录,包括讨论内容、达成共识及后续行动安排,作为员工绩效档案的重要组成部分,为后续沟通与绩效评估提供参考。

这种方式需要注意的一些技巧:首先是管理者需要积极倾听,全身心投入,不仅听其言语,更要理解话语背后的情感与需求。其次是要使用简洁、准确的语言,避免模糊或易引起歧义的表述。表达观点时,逻辑清晰,层次分明。再次是基于事实与数据进行绩效评价，避免主观偏见与情绪化表达。最后反馈问题时，不仅指出不足，更要提供建设性意见与改进方向。

③绩效会议。书面报告和一对一会谈涉及的信息主要基于两个人，而很多工作都是以团队为基础开展的，所以可采用绩效会议。绩效会议聚焦企业、团队或个人的绩效表现，通过全面深入的讨论与分析，为实现绩效目标、促进企业发展提供有力支持。

（2）非正式绩效沟通。

管理者与员工之间的绩效沟通并不局限于正式绩效沟通，各种非正式绩效沟通也会产生较好的效果。非正式绩效沟通的最大优点在于及时性。常见的非正式沟通形式有以下类型：

①走动式管理。走动式管理是一种通过管理者主动深入基层，与员工直接接触和交流，以获取一手信息、解决实际问题并提升组织绩效的管理方式。这种方式让管理者能获得更直接的信息，双方能进行信息交流。另外，管理者走动的时间、地点、交流对象和话题都较为灵活，但要注意不过多干涉员工的具体工作行为。

②开放式办公。开放式办公是一种摒弃传统独立封闭式办公室布局，采用共享空间、灵活协作区域设计的办公模式，旨在促进员工沟通协作、提升工作效率与创造力。这种方式让员工处于主动地位，员工可以选择自己认为合适的时机与管理者沟通。

③其他形式。管理者还可以利用各种工作间歇与员工进行沟通，也可以在联欢会、茶歇时间等非正式的团队活动中进行。

4.3.3　绩效信息收集

绩效实施阶段需要进行的另一项重要工作就是绩效信息收集，主要为绩效考核做准备。绩效信息收集是管理者收集员工绩效信息，如通过亲自观察、查阅工作记录、同事反馈、客户反馈等，作为绩效评价的参考。

4.3.3.1　绩效信息收集目的

（1）为绩效评估提供事实依据。准确、全面的绩效信息是对员工工作表现进行客观、公正评价的基础。通过收集信息，管理者能够了解员工在工作任务完成情况、工作质量、工作态度等方面的实际表现，从而为绩效评估提供翔实的事实依据，使评估结果更具说服力。

（2）为绩效改进提供参考。通过持续收集绩效信息，管理者可以及时发现员工工作过程中存在的问题和不足，以及工作中的亮点和优势。基于这些信息，与员工共同分析原因，制定具有针对性的改进措施，帮助员工提升绩效水平。

（3）为决策制定提供数据支持。为人力资源决策提供参考，如薪酬调整、晋升、培训与发展规划等。例如，依据绩效信息确定哪些员工具备晋升潜力，哪些员工需要特定的培训以提升能力。

4.3.3.2 绩效信息收集内容

收集的信息不是越多越好，并非所有的信息都要收集。收集的信息应该是与工作绩效相关，与绩效目标形成密切关联的关键信息，主要包括以下几个方面：

（1）工作业绩。

①目标完成情况。这是衡量工作业绩的关键指标，体现员工对既定工作目标的达成程度。如销售岗位，需关注销售额、销售利润、新客户开发数量等目标的完成进度等。

②工作成果质量。评估工作产出的质量水平，不同岗位有不同衡量标准。对于文案撰写岗位，文案的准确性、逻辑性、吸引力及有无错别字、语法错误等是关键。通过广告文案的阅读量、转化率等指标，判断其质量水平。

③项目任务贡献。当员工参与项目工作，其在项目中的具体贡献是重要业绩体现。其包括承担的关键任务、解决的重大问题、对项目进度和成功的推动作用等。

（2）工作能力。

①专业知识和技能。与岗位直接相关的专业知识和技能的掌握与运用能力，如医生的专业诊断和治疗技能、工程师的专业设计与操作能力等。以医生为例，要收集诊断准确率、治疗方案的合理性、对新医疗技术的掌握情况等信息。

②沟通能力。涉及与管理者、同事、客户等不同对象的沟通效果，包括口头表达、书面表达、倾听理解等方面。如销售人员与客户沟通时能否清晰传达产品信息，准确把握客户需求；项目经理撰写的项目报告是否条理清晰，便于各方理解项目情况。

③团队协作能力。观察员工在团队中的协作表现，如是否积极参与团队讨论、能否与团队成员有效配合、是否愿意分享知识和经验等。在团队项目中，

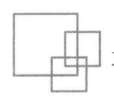

员工主动承担内部分工，协调各方资源，推动项目顺利进行，这体现了良好的团队协作能力。

④问题解决能力。关注员工在面对工作中的困难和问题时，分析问题、提出解决方案并有效执行的能力。如客服人员处理客户投诉时，能否迅速判断问题根源及提出让客户满意的解决方案；生产人员面对生产线上的突发故障，能否采取及时、有效的措施恢复生产。

（3）工作态度。

①责任心。其体现员工对工作任务的重视程度和负责态度，是否认真对待工作中的每一个环节，对工作结果勇于承担责任。例如，员工在负责重要项目时，按时交付项目，对项目中出现的问题不推诿，积极寻找解决办法。

②积极性。其反映员工工作的热情和主动程度，是否主动寻找工作任务、积极参与企业活动、提出改进建议等。如员工主动学习新的业务知识，主动申请参与具有挑战性的项目等。

③敬业精神。其衡量员工对工作的专注度和投入程度。例如，科研人员为攻克技术难题，长时间坚守实验室进行研究。

（4）工作行为。

①合规性。考察员工是否遵守企业的各项规章制度，包括考勤制度、财务制度、安全制度等。如是否按时上下班，有无迟到、早退、旷工现象等。

②工作纪律。观察员工在工作中的行为表现，是否专注工作，有无做与工作无关的事情。

③职业操守。其涉及员工在工作中的道德行为和职业准则，如是否诚实守信、保守企业机密，有无不正当竞争行为等。

4.3.3.3 绩效信息收集方法

绩效信息收集方法有观察法、工作记录法、查阅报表和记录、问卷调查法、抽查法、减分记录法、关键事件法等。

（1）观察法。其是管理者直接或间接观察员工在工作中的表现，并对员工行为进行记录的方法。

（2）工作记录法。其是指员工每天把主要工作和工作过程记录下来，并交由上级审核。

（3）查阅报表和记录。其适用于员工的工作目标可通过工作报表反映的岗位。

（4）问卷调查法。其是为了在短时间内收集大量信息，通过向相关人员发放调查问卷，从而收集绩效信息。

(5) 抽查法。其是管理者对员工绩效计划的实施情况进行定期或不定期抽查，保证记录的真实性。

(6) 减分记录法。其是针对关键业绩指标中因错误而被扣分的事项进行检查登记，发现一次记录一次。

(7) 关键事件法。其是针对员工特别突出或因异常导致失误的情况进行记录。

4.3.4 绩效辅导

4.3.4.1 绩效辅导概念

绩效辅导指管理者通过与员工讨论有关绩效考核工作的进展，从而得知员工在完成绩效考核过程中的障碍和问题，找到解决办法，并进行有计划、有目的、有步骤的培训和辅导。很多人认为，在实施绩效考核之前，事先做好绩效辅导，可起到未雨绸缪的效果。然而实际上，绩效辅导工作应贯穿整个绩效考核，尽可能在员工绩效问题发生之前进行指导。

4.3.4.2 绩效辅导内容

(1) 阶段工作目标完成情况。绩效计划实施一段时间后，管理者与员工需对应绩效计划每个时间节点的要求，就每项工作的完成情况进行审视和讨论，对任务完成情况进行核查。

(2) 对员工工作表现及时给予反馈。对于员工的良好表现，如高效完成任务、提出创新性想法等，及时表扬肯定，强化正面行为。对于存在的问题，如工作质量不达标、工作进度滞后等，以建设性的方式指出，避免批评指责。

(3) 了解员工工作中遇到的困难。询问员工在绩效实施过程中的困难和障碍，并探讨产生原因，找出解决对策。

(4) 制订具体的改进计划。针对工作技能不足导致的绩效问题，安排针对性的培训或导师辅导；对于工作态度问题，通过沟通交流，了解员工内心想法，帮助其调整心态。

4.3.4.3 绩效辅导主要形式

(1) 工作指导。针对员工工作技能或工作经验的不足，有目的地给予工作指导。

（2）规划引导。管理者就员工在知识技能、经验和意识等方面的不足，与其共同制订系统的学习计划，并以此引导员工逐步提高综合素养。

（3）导师辅导。给技能或经验不足的员工安排相应的导师，以师带徒的方式引领和促进员工成长。

4.3.4.4 绩效辅导流程

（1）辅导准备。

①管理者准备。管理在考核初期设定工作目标；确定辅导时间、辅导方式、辅导地点，提前通知员工；整理好相关资料；准备好绩效辅导备忘录；对员工的日常表现进行绩效诊断，如是否普遍存在相同的绩效问题，员工是否清楚工作完成情况，员工是否受过专门培训等。

②员工准备。员工需要明确考核目标；明确需具备的知识与技能，以及需要的支持和资源。

（2）辅导沟通。

辅导沟通过程中，主要是通过管理者与员工讨论，共同找出绩效短板，制订具体有效的实施计划。辅导沟通可以是正式的，也可以是非正式的。辅导沟通中，管理者应做到以下几个方面：

①多提问，少表达。好的绩效辅导，不强调表达，而注重用提问来代这样做，一方面可以很好地引导员工更好地找出解决绩效问题的答案替；另一方面可以避免说教式的语言引起员工的反感，产生负面效果。

②提问多开放，少封闭。开放性问题与封闭式问题相比，可以引导对方去叙述、澄清和思考。

③多问 what，少问 why。

④双向沟通。

⑤平等沟通。

（3）辅导追踪。

①定期追踪员工的工作完成情况，适当调整实施计划。

②对员工的出色表现给予及时认可，对不足之处提出改进意见。

③寻找需要进一步开展的辅导工作。

4.4 绩效考核

4.4.1 绩效考核概念

绩效考核又称为绩效考评、绩效评估或绩效评价,是考核主体采用科学的方法,按照一定的标准,考查和审核企业员工对职务所规定的职责、任务的履行程度,以确立其工作绩效的一种有效的系统管理方法。

4.4.1.1 绩效考核周期和主体

(1) 绩效考核周期。

绩效考核周期是指绩效考核的间隔时间。针对不同的指标和管理特点,绩效考核的周期也会有所不同。如过程性指标的考核周期相对较短。结果性指标因为需要较长时间看到效果,所以考核周期较长。同样,管理层级不同考核周期也会有差别,高层管理者因为需要对企业的运营负责,所以会伴随较长的考核周期。中低层管理者的考核周期相对较短。

(2) 绩效考核主体。

①上级管理者是最常见的绩效考核主体。他们对员工的工作目标、任务分配及整体工作表现有全面且深入的了解,能够从企业整体目标和团队绩效的角度出发,对员工进行评估。

②下属。当下属对上级管理者的领导力、管理风格、决策能力等方面进行评价时,能为企业提供关于管理者绩效的重要反馈。这种自下而上的评价有助于发现管理者在管理过程中存在的问题,促进管理者改进管理方式,提升管理水平。

③同事。同事与员工在日常工作中密切合作,对彼此的工作能力、团队协作精神、沟通能力等方面有直观的感受和认识。在一些需要高度团队协作的项目或工作场景中,同事评价能提供独特且有价值的视角。

④员工自评。员工自评可以促使员工对自己的工作表现进行全面回顾和反思,增强员工的自我认知和责任感。员工对自己的工作过程、付出的努力及遇到的困难有最直接的感受,能够提供一些上级和同事可能不了解的信息。

⑤客户。客户能够从自身需求和体验的角度,对员工的服务质量、专业能

力、响应速度等方面进行评价,直接反映员工工作对外部客户的影响。

4.4.1.2 绩效考核内容

(1) 工作业绩考核。

聚焦员工工作成果,是绩效考核的核心内容。包括工作任务完成情况、目标达成程度等可量化指标,如生产工人的产量、质量,销售人员的销售额、客户开发数量。

(2) 工作能力考核。

工作能力考核是绩效考核中非常重要的一项指标。工作能力考核是对员工在工作中所发挥的能力进行的考核。根据指标或要求,对应员工所担任的工作、职务,评价其工作能力。

(3) 工作态度考核。

工作态度考核是考察员工对待工作的态度和行为倾向,包括责任心、积极性、敬业精神、工作主动性、团队合作精神等,如员工主动承担额外任务,体现其工作积极性与责任心。

4.4.2 绩效考核流程

绩效考核是一个系统的管理过程,通过科学合理的流程,对员工的工作表现进行全面、客观的评估,为企业的人力资源管理决策提供重要依据。

4.4.2.1 制订绩效考核计划

(1) 明确考核目的。确定绩效考核的目标,如用于员工薪酬调整、晋升、培训发展等,确保绩效管理工作能够推动企业战略目标的实现。明确考核目的是为战略导向服务还是为改善绩效服务,是为相关激励服务还是为培训开发服务。不同的考核目的,考核重点不同。

(2) 确定考核对象。明确涵盖哪些部门、岗位和人员。比如,是全体员工参与,还是仅针对特定部门或岗位层级进行考核。

(3) 规划考核时间。确定考核周期,如月度、季度、年度考核,以及具体的考核实施时间节点。

4.4.2.2 选择绩效考核方法

绩效考核方法的选择是一个复杂而系统的决策过程,需要企业全面权衡自身的发展战略、文化特点、组织规模、发展阶段及数据管理能力等多方面因素，精心挑选并灵活运用适合的考核方法，同时不断优化和完善考核体系，确保绩效考核真正成为推动企业持续发展的有力工具。

4.4.2.3 执行绩效考核计划

（1）绩效考核培训。

为了确保考核者和被考核者对绩效考核体系有清晰、准确的理解，保证考核过程的公正性、客观性和有效性，提升员工对考核的接受度与参与度，需要进行绩效考核培训。培训内容包括以下几个方面：

①绩效考核理念与目的。阐述绩效考核对企业战略实现、员工个人发展的重要意义，使参与者明白考核并非单纯的评判，而是促进企业与个人共同成长的管理工具。

②考核指标与标准。详细解读各项考核指标的定义、计算方法和评分标准。例如，对于销售岗位"销售额达成率"指标，要说明销售额的统计范围、目标设定依据以及不同达成率对应的评分等级。

③考核方法与流程。介绍所采用的考核方法，如目标管理法、360度评估法等，以及整个考核流程的时间节点和具体步骤。同时教导考核者识别并避免常见的考核误差，如晕轮效应（以偏概全，因某个突出优点或缺点而影响整体评价）、趋中倾向（所有员工评价集中在中等水平）、近因效应（根据近期表现而非整个考核周期表现进行评价）等，确保评价的客观性。

（2）考核信息收集。

准确、全面的考核信息是进行客观绩效评价的基础，为后续的绩效改进提供依据。

①工作成果数据。与员工工作目标直接相关的产出结果，如销售业绩、生产产量、项目完成情况等。以程序员岗位为例，工作成果数据包括完成的代码数量、软件模块交付数量等。

②工作行为表现。员工在工作过程中的行为方式和工作态度，包括团队协作、沟通能力、责任心等方面的表现。例如，观察员工在团队会议中的参与度、与同事合作解决问题的积极性等。

③客户反馈信息。对于面向客户的岗位，客户的评价和反馈至关重要，包括客户满意度、客户投诉率等，比如客服人员的客户满意度调查结果、客户对产品或服务的具体反馈意见。

④相关事件记录。工作中的关键事件，无论是正面的突出贡献，还是负面

的失误或问题。例如，员工成功解决重大技术难题或因失误导致项目延误的事件记录。

（3）绩效结果评价。

绩效结果评价是绩效考核的核心环节，可分为管理者评价、管理者与员工双线评价等。

（4）评价成绩控制。

为避免评价结果的趋同性，可以引用正态分布的概念，合理控制评价成绩分布。

4.4.2.4 应用绩效考核结果

应用绩效考核结果是指企业根据员工绩效考核反映出的一系列问题，采取有针对性的应对行为。

（1）考核结果分析。

从员工、团队、企业三方面对考核结果进行分析。员工层面主要分析绩效水平、能力素质及工作态度等。团队层面主要分析整体绩效情况、团队协作情况及绩效差异情况等。企业层面主要分析与企业战略目标的契合度、绩效的趋势及资源配合的合理性等。

（2）考核结果应用。

①员工发展方向。依据分析结果制订个性化培训计划。结合员工绩效与能力，指导职业发展。绩效突出、管理能力强的员工，规划管理晋升路径；技术能力强的员工，向技术专家方向发展。

②薪酬与激励。绩效结果与薪酬挂钩。拉开薪酬差距，可激励员工提升绩效。公开表彰高绩效员工，如颁发荣誉证书、内部通告表扬，增强员工的成就感与归属感。

③组织优化。分析团队或企业绩效问题，发现业务流程瓶颈。如项目流程烦琐致绩效低，应优化流程，提高效率。依据绩效分析结果，调整人员岗位，不能胜任岗位工作的员工调岗，人才短缺的部门进行招聘或内部调配员工。

4.4.3 绩效考核方法

4.4.3.1 关键绩效指标（KPI）法

关键绩效指标法是通过对企业内部流程输入端、输出端的关键参数进行设置、取样、计算、分析,衡量流程绩效的一种目标式量化管理指标。它提炼出对企业战略目标实现有重要影响的关键指标,将战略目标转化为可衡量的具体行动。

关键绩效指标法的实施步骤如下:

(1) 确定战略目标。明确企业的发展方向和战略目标,如一家互联网公司的战略目标是提高用户活跃度与增加市场份额。

(2) 分解战略目标。运用平衡计分卡等工具,从财务、客户、内部流程、学习与成长四个维度,将战略目标细化为具体的KPI。如从客户维度,设定客户满意度、用户留存率等KPI。

(3) 设定指标值。为每个KPI确定合理的目标值与评价标准。例如,客户满意度目标值设定为90%,90%~100%为优秀,80%~89%为良好等。

(4) 数据收集与监控。定期收集KPI数据,监控指标完成情况。如通过用户调研收集客户满意度数据。

(5) 绩效评价。依据KPI完成情况评价员工绩效。

4.4.3.2 360度评估法

360度评估法又称全方位考核法,可从多个角度对员工进行评价,综合上级、同事、下属、客户及员工个人等多方面的反馈,全面、客观地评价员工的工作表现、能力与素质。

360度评估法的实施步骤如下:

(1) 确定评估主体。选择合适的评估者,包括上级领导、同事、下属、客户等。

(2) 设计评估问卷。根据不同评估主体和评估维度,设计针对性问卷。如对上级的问卷侧重工作目标设定与绩效评估,对同事的问卷侧重团队协作与沟通能力。

(3) 实施评估。评估者匿名填写问卷,收集评估信息。

(4) 结果汇总与分析。汇总各评估主体的评价结果,进行数据分析与整理,形成综合评估报告。

(5) 反馈与沟通。将评估结果反馈给被评估者,进行沟通,帮助其认识自身优点与不足,制订改进计划。

4.4.3.3 行为锚定等级评价法(BARS)

行为锚定等级评价法是将同一职务工作可能发生的各种典型行为进行评分

度量，建立一个锚定评分表，以此为依据，对员工工作中的实际行为进行测评记分。

行为锚定等级评价法的实施步骤如下：

（1）获取关键事件。通过访谈、观察等方式，收集员工在工作中的关键事件，包括成功与失败事件。例如，对于客服岗位，成功事件可能是快速解决客户重大投诉，失败事件可能是因沟通不当引发客户不满。

（2）建立绩效维度。对关键事件进行分类，确定绩效维度，如客服岗位可分为服务态度、问题解决能力等维度。

（3）重新分配关键事件。由一组专家将关键事件重新分配到相应的绩效维度，并为每个关键事件确定合适的等级。

（4）确定最终的行为锚定等级评价表。将每个绩效维度的关键事件及其对应的等级整理成评价表，作为评价依据。

（5）评价员工绩效。考核者根据员工实际行为，对照行为锚定等级评价表进行打分。

4.4.3.4　行为观察量表法（BOS）

行为观察量表法是在关键事件法的基础上发展起来的，通过观察，记录下员工在工作中的有效行为和无效行为的发生频率，以此作为评价员工工作绩效的依据。它强调对员工行为发生频率的观察与记录，而非仅仅关注关键事件。

行为观察量表法的实施步骤如下：

（1）确定绩效维度与行为项目。分析工作岗位，确定绩效维度，如销售岗位的客户开发、客户维护等，并列举每个维度下的具体行为项目，如客户开发维度下的每周拜访新客户数量、新客户拓展成功率等行为项目。

（2）设计观察量表。为每个行为项目设计观察量表，设定行为发生频率的等级，如"从不""很少""有时""经常""总是"，并赋予相应分值。

（3）培训观察人员。对负责观察的人员进行培训，使其掌握观察方法与标准，确保观察的一致性与准确性。

（4）实施观察与记录。观察人员在日常工作中观察员工行为，记录每个行为项目的发生频率。

（5）绩效评价。根据观察记录，对员工的各绩效维度进行评分，汇总得出整体绩效评价。

4.5 绩效反馈

绩效反馈的任务主要是上级将绩效考核结果反馈给员工,和员工共同探讨绩效不佳的原因并制订绩效改进计划,利用考核结果进行相应的奖惩和人事决策的制定。该阶段重点解决有什么差距、是什么原因引起的差距、如何改进绩效等问题。

4.5.1 绩效反馈概述

4.5.1.1 绩效反馈概念

绩效反馈指管理者与员工就绩效考核结果进行沟通,使员工了解自身绩效表现,双方共同分析原因、制订改进计划,以提升未来绩效的过程。它是绩效管理中的关键环节,连接绩效考核与绩效提升。

4.5.1.2 绩效反馈目的

帮助员工清晰认识自身工作的优点与不足,明确能力提升方向,助力个人职业成长。确保员工理解企业战略目标与自身工作的关联,使个人努力与企业需求相契合。针对绩效问题共同探讨解决方案,制定具体改进措施,提升员工工作成效,进而推动企业整体绩效提升。及时肯定员工成绩,给予正面反馈,增强员工工作成就感与自信心;有效沟通负面反馈,让员工感受到企业关注与支持,提升工作满意度与忠诚度。

4.5.1.3 绩效反馈内容

(1) 告知考核结果。清晰、准确地向员工传达绩效考核结果,包括绩效等级、各项指标得分等,确保员工对考核结果有直观认识。

(2) 分析原因。与员工共同探讨绩效优劣的原因,涉及工作态度、技能水平、工作方法、外部环境等因素。

(3) 探讨改进措施。针对绩效不足,共同制订具体、可操作的改进计划,明确改进目标、行动方案、时间节点与预期效果。

(4) 明确职业发展。结合员工绩效表现与企业需求,探讨员工职业发展路径，提供职业发展建议与支持，如岗位轮换、晋升机会等。

4.5.2 绩效反馈面谈

4.5.2.1 绩效反馈面谈概念

绩效反馈面谈是管理者与员工就绩效考核结果进行面对面沟通交流的过程，旨在让员工清晰了解自身在考核周期内的工作表现，明确优点与不足，同时共同探讨绩效改进措施，使员工个人发展与企业目标紧密结合，从而能帮助员工提升个人绩效，增强员工对企业的认同感与归属感，促进企业整体绩效的提升。

4.5.2.2 绩效反馈面谈准备工作

(1) 管理者准备。

①全面收集资料。详细整理员工绩效考核周期内的工作成果、工作记录、客户反馈、同事评价等多方面资料，确保对员工表现有全面、客观的认识。

②熟悉考核标准。深入理解绩效考核体系及各项指标的设定依据与评价标准，以便在面谈中能清晰、准确地向员工解释考核结果的由来。

③规划面谈内容与流程。确定面谈重点，如绩效突出或有待改进的方面，准备好具体事例支撑观点，并合理安排时间，确保每个重要内容都能得到充分讨论。

④选择合适的时间与地点。挑选双方都相对宽松、无干扰的时间段，如避开业务高峰期；选择安静、舒适且具有一定私密性的场所，如独立的会议室，让员工能放松心态参与面谈。

(2) 员工准备。

①自我评估。员工对自己在考核周期内的工作进行全面回顾，总结工作成果、遇到的问题及解决方法，思考自身优点与不足，形成自我评估报告。

②准备问题与想法。梳理在工作过程中遇到的困惑、对工作安排的建议及个人职业发展规划等，以便在面谈中与管理者交流。

4.5.2.3 绩效反馈面谈流程

(1) 建立轻松氛围。

面谈开始时，管理者可通过简单的问候、轻松的话题缓解员工紧张情绪，如询问员工近期工作感受或生活情况。

（2）明确面谈目的。

简要阐述面谈的目的，即帮助员工更好地发展，促进员工工作提升，而非批评指责，从而让员工以积极的心态参与面谈。

（3）客观反馈结果。

①清晰传达考核结果。管理者以平和、客观的态度告知员工绩效考核结果，包括绩效等级、各项考核指标的得分情况等。

②提供具体事例支撑。结合实际工作事例，说明考核结果的依据，使员工明白为何得到这样的评价。

（4）鼓励员工表达。

①倾听员工想法。给予员工充分的时间表达对考核结果的看法、工作中的感受及遇到的困难等，管理者认真倾听，不轻易打断。

②引导深入沟通。通过提问等方式，引导员工深入分析绩效表现的原因，挖掘潜在问题。

（5）共同探讨改进。

①分析绩效问题。针对绩效不足之处，管理者与员工共同分析原因，从工作态度、技能水平、工作方法、外部环境等多方面进行探讨。例如，对于销售业绩未达标的情况，分析可能是市场竞争加剧（外部环境），同时员工的销售技巧（技能水平）也有待提升。

②制订改进计划。根据分析结果，制订具体、可操作的绩效改进计划，明确改进目标、措施、时间节点及预期效果。

（6）明确发展期望。

①沟通职业发展。结合员工绩效表现与企业发展需求，探讨员工职业发展方向，为员工提供建议。

②表达期望支持。管理者向员工表达对其未来工作的期望，承诺提供必要的支持与资源，增强员工的信心与动力。

4.5.3 绩效改进

绩效改进是指确认工作绩效的不足与差距，查明产生的原因，制订并实施有针对性的改进计划，不断提高企业和员工绩效水平的过程。其包括绩效分析、制订绩效改进计划、绩效改进计划的实施与评估。

4.5.3.1 绩效分析

(1) 识别绩效差距。对比员工实际绩效与预设的绩效标准,找出差距。例如,某客服团队的客户满意度目标为 90%,而实际调查结果仅为 80%,10% 的差距就是需要关注的重点。

(2) 原因剖析。深入探究导致绩效差距的原因,这可能涉及多个方面。从员工自身角度来看,可能存在知识技能不足、工作态度不积极、工作方法不当等问题;从外部环境来看,可能有工作任务分配不合理、资源短缺、市场环境变化等因素。

4.5.3.2 制订绩效改进计划

(1) 设定绩效改进目标。管理者与员工共同讨论并确定绩效改进目标,确保双方对目标的理解一致。

(2) 策略选择。根据绩效分析的结果和设定的目标,选择合适的改进策略。常见的策略包括培训与学习,如为提升员工的数据分析能力,安排相关的数据分析课程;工作重新设计,合理调整工作任务和流程,提高工作效率;导师辅导,指定经验丰富的导师对新员工或绩效不佳的员工进行一对一指导。

(3) 计划细化。将改进策略细化为具体的行动计划,明确各项任务的负责人、时间节点和所需资源。

4.5.3.3 绩效改进计划的实施与评估

(1) 绩效改进计划的实施。一方面做好计划执行工作,员工按照制订好的绩效改进计划积极投入学习和实践中。另一方面做好过程监控,管理者定期对绩效改进计划的执行情况进行检查和监督,及时发现计划执行过程中出现的问题,可以通过定期的绩效面谈、工作汇报、数据分析等方式进行。

(2) 绩效改进计划的评估。在绩效改进计划实施一段时间后,对改进效果进行全面评估。对比改进前后的绩效数据,判断目标是否达成。同时,收集员工、同事和客户的反馈意见,从多个角度评估改进效果。将评估结果及时反馈给员工,肯定成绩,指出仍然存在的问题。根据评估结果,若目标已经达成,可以制定更高层次的目标,持续推动绩效提升;若目标未达成,需要重新分析原因,调整改进计划,确保绩效改进工作能够持续有效地进行。

【思考与讨论】

请扫描二维码完成习题

第 5 章 薪酬管理

【思维导图】

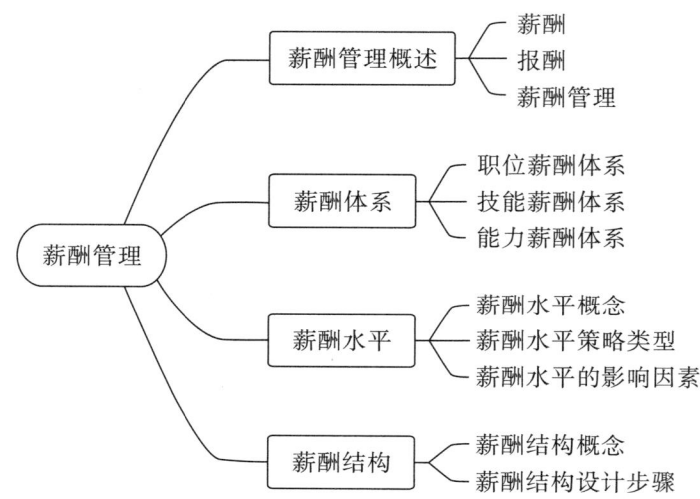

【学习目标】

1. 了解薪酬管理的含义
2. 理解薪酬体系的内容
3. 掌握职位薪酬体系的制定流程
4. 掌握薪酬管理的研究内容

案例导入

在市场经济下,政府需要将薪酬管理与其他人力资源管理职能相结合。美国联邦政府明确规定奖励性薪酬与高级公务员的招募、调动及留任等其他人力资源管理实践之间的关系。首先,联邦政府机构在招募职业化的高级公务员时,如果认为不支付一笔奖金就很难招到合适的候选人,则可向合格的候选人支付一笔招募奖金。其次，如果联邦政府机构认为不支付一笔奖金就很难让一位高级公务员接受工作调动，而导致该职位空缺难以填补，便可向愿意接受调动者支付一笔调动奖金。最后，如果联邦政府机构认为一位高级公务员拥有极高的或独一无二的资质，或对其服务有特别需要，但在不提供留任奖金的情况下，此人可能会离开联邦政府机构；或者是联邦政府机构需要此人在目前任职的办公室项目等关闭或搬走之前继续留任一段时间，若不提供一笔留任奖金，此人很可能会离开，则联邦政府机构可向这位高级公务员提供留任奖金。

5.1 薪酬管理概述

5.1.1 薪酬

薪酬概念出现的时间晚于工资，所以直到今天，人们很多时候还是习惯使用工资而不是薪酬的概念，此外，在经济学文献中，也一直使用工资或工资率的概念，而很少见到薪酬一词。在资本主义发展初期，工资主要有两种形式：一种是计件工资，一种是计时工资。计件工资是根据劳动者生产的产品数量支付的工资，是一种与劳动者的生产率或工作成果挂钩的工资。计时工资则是根据劳动者提供的劳动时间支付的工资，是相对固定的，与劳动者的生产率或工作成果无关。那时，工厂中的生产活动相对简单，机器设备也不复杂，因此计件工资占的比例很大，但随着生产技术不断改进以及工业生产系统日益复杂化，即使是在工厂工作中，计时工资占的比重也越来越大。然而，计时工资存在一个很大的缺陷，就是它无法激励员工达成高生产率或取得高水平的工作成果，在这种情况下，企业开始通过各种方式将员工的一部分工资与个人、群体或企业的某种或某些绩效指标挂钩，从而使员工的一部分工资成为固定工资，一部分工资则变成与绩效挂钩的浮动工资或奖金。再后来，企业开始向员工提供另一种具有经济价值的报酬形式—福利，这样，劳动报酬的形式日益多样化，为了更好地反映这样一种发展趋势，薪酬的概念应运而生。与工资有关的两个最常见的英文单词是"wage"和"salary"，其中，wage 一般直译为"工资"，它以小时为单位确定，等于小时工资率乘以实际工作小时数，通常用于蓝领员工。而 salary 一般翻译为"薪资、薪金或薪水"，它以年为单位确定，通常用于白领员工，这种薪资表现为年薪，尽管也可能按周或双周发放。从上述定

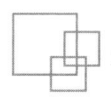

义来看，这里的工资和薪资有两个共同特征：一是两者都体现为货币化的劳动报酬，不涉及福利；二是两者都没有体现绩效或奖励的成分，要么按工作小时数固定发放，要么按年固定发放。薪酬最常见的英文单词是"compensation"，原本的含义是弥补和补偿之意，而薪酬显然属于雇主或企业针对员工提供的劳动而给予的一种补偿或回报。由于在市场经济的发展过程中，企业为员工劳动所提供的经济补偿或回报不仅体现为固定工资，还体现为在企业中日渐得到广泛运用的绩效奖励或奖金，甚至还体现为各种福利，因此，用包容性更强的薪酬概念取代原来的工资或薪资概念就有明显的现实意义和实用价值。

然而，即使在英语中，不同的使用者往往也会对薪酬的内涵和外延做出不同的界定。对薪酬概念的界定通常有三种。第一种是窄口径的界定，即员工因为雇佣关系的存在而从雇主那里获得的各种形式的货币报酬。显然，这种薪酬概念仅仅包括货币性劳动报酬，它是基本薪酬和可变（或浮动）薪酬的总和，福利并不包括在内。世界薪酬协会就采用了这种定义，美国联邦人事管理局以及美国劳工统计局也倾向于使用这种定义。在实践中，大多数企业也采用这种定义，很多公司人力资源部门下设薪酬与福利管理业务模块。第二种是中等口径的界定，即员工因为雇佣关系的存在而从雇主那里获得的各种形式的经济报酬及有形服务和福利。这一薪酬概念不仅包括上述窄口径的内容，还包括福利。这一概念将薪酬定义为直接经济报酬，而将福利定义为间接经济报酬。国外的一些人力资源管理和薪酬管理教材采用了这种定义。第三种是宽口径的界定，即员工因为完成工作而获得的全部内在报酬和外在报酬的总和。这种薪酬概念实际上等同于广义的报酬概念，不仅包括窄口径的薪酬和福利，甚至还包括一些心理上的收益。不过，这种过宽口径的薪酬定义并不常见。

在本书中，我们采用薪酬的第一种窄口径定义方式，即认为薪酬仅包括当期支付的货币性报酬，即薪酬由基本薪酬（或固定薪酬）及浮动薪酬或（奖励薪酬）组成，但不包括福利（各种保险、带薪休假和员工服务等非货币性或延期支付的经济报酬）。

实践中，企业在决定员工个人的薪酬时，往往会通盘考虑员工的固定薪酬和浮动薪酬，即根据劳动力市场上的通行薪酬水平以及企业的整体薪酬战略首先确定员工的年度总体薪酬标准。即使是在浮动薪酬不仅与员工个人绩效挂钩，而且与企业绩效挂钩的情况下，首先，企业也会对员工一年的总体薪酬水平有一个整体考虑。其次，企业以某种方式将这种整体薪酬水平以一定的比例划分为固定薪酬和浮动薪酬两大组成部分。通常情况下，绩效比较容易量化和衡量的职位，比如营销、生产等类型的职位，浮动薪酬所占的比例更大一些，而人力资源管理、财务管理等职能管理类职位，其固定薪酬所占的比例更大一些。浮动薪酬所占的比例越大，员工的薪酬风险越高，即员工在绩效优秀时能够获得的总薪酬水平较高，当他们的绩效不佳时，所能得到的总薪酬也较低。

需要指出的是，由于一些历史习惯以及为了用语简练和行文的方便，无论在实践中还是本书中，有时候也会简单地用"薪酬"一词来代指将要讨论的"总薪酬"，即薪酬有时候指代的是薪酬加福利，而不仅仅是这里定义的薪酬的范畴。比如，在说"薪酬管理"时，实际上是指对薪酬和福利两个方面的管理，而"薪酬调查"包括对薪酬和福利两方面内容的调查。

5.1.1.1 基本薪酬（或固定薪酬）

基本薪酬简称基薪，又称固定薪酬，是员工因在企业中工作而获得的较为稳定的经济报酬。它不仅为员工提供了基本的生活保障和稳定的收入来源，而且往往是确定可变薪酬（包括年终奖）等的一个重要基础。它是一个企业根据员工承担的职位及相应的工作职责，或者是员工所具备的完成工作的技能或能力等，向员工支付的相对稳定的经济性报酬。大多数情况下，企业根据员工承担的工作或职位的重要性、难度或者对企业的价值来确定员工的基本薪酬（职位薪酬体系）。在另一些情况下，企业也可能基于员工完成工作的知识、技能或能力高低来确定他们的基本薪酬（知识薪酬体系、技能薪酬体系或能力薪酬体系）。员工的基本薪酬在确定之后并不是一成不变的，而是会随着一些因素的变化不断调整，调整的主要依据有：第一，职位调薪，即随着员工的职位变化而进行的基本薪酬调整。在实行职位薪酬制度的情况下，由于员工晋升到更为重要或责任更大的职位，职位级别相应上升，基本薪酬一般会随晋升而上调。相反，如果员工因绩效不佳或能力不足等被降职或降级使用，其基本薪酬很有可能随之下降。第二，能力调薪。当员工本人具备的知识技能和经验等人力资本发生变化，尤其是知识、技能和能力出现较为明显的提高时，基本薪酬随之上涨。在实行技能薪酬的情况下，员工通过参加培训获得了更高水平的技能或者考取相关的资格证书，或者是通过边干边学的方式积累了更多的工作经验，往往会实现相应的加薪。第三，绩效调薪。很多企业会根据员工上一年的工作绩效考核结果对他们的基本薪酬进行调整，主要表现为绩效加薪。通常是绩效评价结果越好，加薪的百分比越高，绩效评价结果不达标者往往加薪比例小或不加薪，甚至有可能被降薪。当然，在决定调薪幅度时，企业的整体绩效也是一个重要的考虑因素。第四，年资调薪。很多企业习惯于每年或每两年左右根据员工在本企业的连续服务年限给员工适当加薪，有些企业会在薪酬体系中单独设置一个年功工资（或工龄补贴）模块，有些企业则通过在一个浮动范围内上调基本薪酬来体现年资的因素。第五，生活成本调薪，即根据当地生活费用或物价变动的情况调整基本薪酬。特别在通货膨胀或物价快速上涨时，企业往往需要提高员工的基本薪酬，以抵消员工薪酬实际购买力的下降。有些基本薪酬的调整是单独发生的，比如职位调薪和技能调薪，是针对职位等级或技能等级变化的员工，因而不属于普遍调薪，没有发生这些方面变化的员工不会被调薪。而年资调薪、生活成本调薪以及绩效调薪属于普遍调薪，因此，这些调薪很可能会在综合考虑的基础上合并实施。此外，前一种调薪往往伴随着员工个人所在的薪酬等级的变化，而后一种调薪只是表现为员工在同一个薪酬等级内部的薪酬水平调整。

5.1.1.2 可变薪酬（或奖励薪酬）

可变薪酬体系中与绩效直接挂钩的经济性报酬，有时也称为浮动薪酬、绩效薪酬、奖励薪酬或奖金。实行可变薪酬的目的是在绩效与薪酬之间建立一种直接的联系，而这种绩效既可以是员工个人的业绩，也可以是企业中某一业务单位、员工群体、团队甚至整个公司的业绩。由于在绩效与薪酬之间建立起直接的联系，因此，可变薪酬对于员工具有很强的激励性，对于企业绩效目标的实现起着非常积极的作用。它有助于企业强化员工个人、员工群体乃至公司全体员工的优秀绩效，从而达到节约成本、提高产量、改善质量以及增加收益等多种目的。

通常情况下，我们可以将可变薪酬划分为短期可变薪酬和长期可变薪酬两种。短期可变薪酬或短期奖金一般建立在非常具体的绩效目标基础之上。而长期可变薪酬的目的则在于鼓励员工努力实现跨年度或多年度的绩效目标，最常见的就是股票期权以及员工持股等长期激励计划。股票期权是针对企业高层管理人员以及一些核心管理人员、专业技术人员的长期激励计划。此外，员工所有权计划或员工持股计划也属于一种长期的可变薪酬，这是因为管理者或员工从这类计划中得到的股权或期权的价值与企业长期目标（如投资收益、市场份额净资产收益等）的实现情况挂钩，因而可以上下波动。这些计划实际带来的收益或者与公司股票价格的变化相关，或者与公司利润水平有关。与短期奖励相比，长期奖励能够将员工的薪酬与企业长期目标的实现联系在一起，并且能够对一个企业的企业文化起到更为强大的支持作用。

需要说明的一点是，虽然绩效加薪和可变薪酬都与员工的绩效联系在一起，但是两者之间存在两个重要的区别。首先，绩效加薪是对员工过去的绩效和优秀表现的一种奖励，它以员工的基本薪酬为基础，绩效加薪的百分比往往取决于企业当年的经营业绩以及员工个人的绩效评价等级。因此，绩效加薪的百分比不需要而且往往也不可能与员工事先协商或沟通，但可变薪酬及奖金往往是以影响员工的未来行为或业绩为目的的，所以，奖金的多少、收益分享的比率以及股权授予的日期等都是事先约定好的。其次，更为重要的一个区别是，绩效加薪一旦确定，就会永久地纳入基本薪酬，第二年会在上一年已经加过的基本薪酬的基础上再加薪。这样，绩效加薪就会产生一种累积作用。而可变薪酬往往不存在这种累积作用，只适用于员工和企业约定的某个绩效周期。一旦绩效周期结束，奖金兑现，过去的约定就不复存在，双方必须开始下一轮新的约定，员工必须重新努力工作才能获得新的绩效奖励。因此，由于绩效加薪的累积效应，虽然它在较短的时间内不会对企业的成本开支构成太大的问题，但是在一段较长的时间内很有可能给企业带来较大的成本压力。尤其是当企业面临困境的时候，绩效加薪可能会对企业的现金流量和运营成本构成威胁。而可变薪基本上没有这方面的问题，由于它与员工的业绩或者企业的整体经营业绩联系在一起，因而具有较大的灵活性，一般不会对公司的成本构成持续性的影响。因为一旦员工的绩效或者企业的绩效下滑，员工可以得到的奖金数量也会随之下降。

5.1.1.3 福利（或间接薪酬）

与基本薪酬和可变薪酬不同的是，福利不是以员工为企业工作的时间为计算单位的。它一般包括各种法定社会保险、企业补充保险、非工作时间付薪、向员工个人及其家庭提供的服务（如儿童看护、家庭理财咨询、工作餐等）、健康及医疗保健等。作为一种不同于基本薪酬的薪酬支付手段，福利这种薪酬支付方式有其独特的价值。首先，由于福利不是以现金形式支付给员工的，因此，企业和员工双方都可能通过这种方式达到合理避税的目的。其次，福利为员工将来的退休生活和一些可能发生的不测事件提供了保障（有些间接薪酬被员工看成"以后可以用的钱"）。最后，福利也是调整员工购买力的一种手段，使得员工能以较低的成本购买自己所需的产品。因此，近年来，福利和服务成本在国外许多企业中的上升速度是相当快的，许多企业采取了自助餐式的福利计划来帮助员工从福利和服务中获取更大的价值。

作为总薪酬的一个重要组成部分，福利存在两个方面的主要问题。一是福利本身具有平均主义的性质，往往与员工的企业成员身份有关，而与个人绩效关系不大。如果不能将员工福利与企业战略目标和人力资源管理需要相结合，很可能导致企业的福利成本很高，但价值不大。二是很多福利项目的潜在成本很高，尽管刚开始试行的时候成本不算高，但长期实施下去，成本会快速上升，最终可能超出企业可以承受的范围。

5.1.2 报酬

报酬是一个比总薪酬外延更大的概念，通常情况下，我们将一位员工为某个企业工作而获得的所有本人认为有价值的要素统称为报酬。很显然，员工在一个企业工作的时候，除了能够获得薪酬和福利这样一些经济报酬，还能够获得一些心理方面的收益或非经济报酬，比如企业中的地位、得到尊重、个人能力的提升以及成就感等。因此，首先，我们可以将报酬分为经济报酬和非经济报酬。经济报酬通常包括各种形式的薪酬与福利，非经济报酬则包括上级和同事的认可、个人成长与发展、富有挑战性的工作、决策参与、良好的工作环境和办公地点等。其次，报酬还可以划分为内在报酬和外在报酬，主要区别在于报酬对劳动者而言是一种来自外部的刺激，还是一种来自内心的激励。

对报酬概念所做的研究丰富了人们对于员工激励问题的认识。对于薪酬福利之外的其他一些非物质报酬的重要性，我们可以从很多理论研究中看到依据。比如，美国学者弗里德里克·赫茨伯格在 20 世纪 50 年代末提出的双因素理论就指出，使员工感到满意的因素通常是成就、赏识、挑战性的工作、增加的工作责任以及成长和发展的机会等，而使员工感到不满的因素主要包括公司政策、管理措施、监督、人际关系、工作条件、工资、福利等。他把前者叫作激励因素，后者叫作保健因素。保健因素提供得再多，顶多起到不让员工产生不满的作用，即处于既不是满意又不是不满意的中性状态，只有提供更多的激励因素才能使员工产生满意感、积极的工作态度和更强的工作动机。由于赫茨伯格的这一研究结论是基于他的同事对在匹兹堡附近一些工商业机构中就职的大约 200 位专业人士所做的调查，因此，该结论对于今天的知识型员工的管理来说仍然具有重要的借鉴意义。

关于非经济报酬以及内在报酬等对于员工激励的重要性，在企业管理实践中还必须注意以下两点：

第一，由于员工将自己在一家企业中工作而获得的所有自认为有价值的东西都视为报酬，即视为他们为企业付出劳动的交换物，并且各种报酬的构成都有可能影响员工的工作态度、工作行为、满意度、绩效、离职率。因此，当员工将不良的行为、绩效及离职等归咎于薪酬的时候，企业必须清醒地意识到，薪酬很可能不是唯一的原因，或者并非最主要的原因。相反，员工对薪酬的抱怨很可能会掩盖他们对企业中其他方面，比如领导者风格、职业发展机会、工作成就感、对工作的影响力和自由度以及决策参与机会等的不满。员工有时甚至会要求提高外在报酬尤其是薪酬来作为对内在报酬不足的一种补偿。因此，在有些情况下，简单地提高薪酬水平并不能从根本上消除员工的不满。比如，美国联合包裹速递服务公司通过研究发现，公司负责送货的司机之所以离职率过高，是因为对工作内容安排不合理不满，而不是对薪酬不满。

第二，尽管从理论上来说，所有属于报酬的元素都会对员工产生激励，但我们必须认识到，由于不同的人在需求或个人偏好方面存在一定的差异，因此，对一位员工来说属于报酬的因素，对另一位员工来说却未必如此，或者不同的人对同一种报酬的价值所做的判断是存在差异的。比如，工作得到上级的认可或受到领导的尊重对于某些员工来说是一种非常有价值的报酬，但对于另一些员工来说，这种报酬的价值可以忽略不计，甚至不被视为报酬。因此，企业在设计薪酬体系的时候，既要重视共性的因素，又要重视对个性化报酬元素的挖掘和设计，不同的性别、年龄、学历、家庭状况、价值观和个性等都会对员工重视的报酬元素产生影响，这就要求企业必须对员工或员工群体的需求和偏好有所了解，否则，企业很容易陷入在薪酬福利等经济报酬以及其他一些非经济报酬方面支出巨大，但企业绩效和利润不佳的困境。

5.1.3 薪酬管理

所谓薪酬管理，在广义上是指一个企业为了实现企业战略和经营目标，维护企业文化以及吸引、留住、激励和开发员工，制定企业的薪酬战略、薪酬政策和薪酬制度，并且实施各项薪酬管理任务的整个过程。从狭义的角度来说，薪酬管理主要是企业针对员工提供的服务确定他们的薪酬体系、薪酬水平、薪酬结构、薪酬支付方式以及付诸实施的过程。广义的薪酬管理实际上强调的是战略性薪酬管理，而狭义的薪酬管理更多的是指各种薪酬事务的处理。

5.2 薪酬体系

企业可以从职位、技能、能力中选择一个因素作为薪酬体系的依据。本书将以职位、技能和能力为基础确定基本薪酬的薪酬体系分别称为职位薪酬体系、技能薪酬体系和能力薪酬体系。在实践中,企业可以只选用一种薪酬体系,也可能同时使用几种薪酬体系。不同的薪酬体系有不同的适用对象、不同的特点和导向性,同时也有各自的优点和缺点。

5.2.1 职位薪酬体系

5.2.1.1 职位薪酬体系的概念和设计步骤

职位薪酬体系是根据对各职位所要求知识、技能、工作职责等相关维度价值的评估结果,将所有职位归入不同的薪酬等级,每个薪酬等级包含若干综合价值相近的一组职位。然后根据市场上同类职位的薪酬水平确定每个薪酬等级的工资率,并在此基础上设定每个薪酬等级的薪酬范围。职位薪酬体系主要是针对基础薪酬的薪酬系统,是传统的确定员工基本薪酬的制度,它的特点是只考虑职位本身的因素,很少考虑人的因素。

(1) 企业在实施职位薪酬体系时,必须首先对以下几个方面的情况做出评价:

①职位内容是否已经明确化、规范化、标准化。

②职位的内容是否基本稳定,在短期内不会有较大的变动。不能因为职位内容的频繁变动而使职位薪酬体系的相对稳定性和连续性受到破坏。

③是否具有按个人能力安排职位或工作岗位的机制。

④企业中是否存在相对较多职级。职级数量应满足企业为员工提供合适的晋升通道。

⑤企业的薪酬水平是否合理。

(2) 职位薪酬体系设计主要有以下步骤:

①收集关于工作性质的信息进行工作分析。

②按照工作的实际执行情况进行确认,界定和编写工作说明书。

③对职位进行价值评价,即进行工作评价。

④根据工作内容和相对价值进行排序。

5.2.1.2 职位薪酬体系的职位评价方法

职位评价方法有非量化评价法和量化评价法。非量化评价法是指仅从总体上来确定不同职位之间的相对价值顺序的职位评价方法,有排序法和分类法。量化评价法则试图通过一套等级尺度系统来确定一种职位的价值比另一种职位的价值高多少或低多少,有要素比较法和要素计点法。

(1) 排序法。根据一些特定的标准,如工作的复杂程度、对企业的贡献大小等,对各个岗位的相对价值进行整体比较,然后将岗位按照相对价值的高低进行排序。排序法是一种广泛应用的整体性的岗位评价方法。排序时,基本采用两种做法:①直接排序,即按照岗位的说明根据排序标准从高到低或从低到高进行排序。②交替排序,即先从所需排序的岗位中选出相对价值最高的排在第一位,选出相对价值最低的排在倒数第一位;再从剩下岗位中选出相对价值最高的排在第二位,选出剩下岗位中相对价值最低的排在倒数第二位;依此类推。

(2) 分类法。通过界定职位的等级来对一组职位进行描述和分类。它是将企业的所有岗位根据工作内容、工作职责、任职资格等方面的不同要求,分为不同的类别,一般可分为管理工作类、事务工作类、技术工作类及营销工作类等。

(3) 要素比较法。是一种量化的岗位评价方法,实际上是对排序法的一种改进。在要素比较法中,评价者首先要获得基准职位的市场薪酬水平,将其分解到各个报酬要素,然后通过对被评价职位与基准职位的各个方面分别进行比较,试图估计出被评价职位在每一方面的货币价值,最后以货币为单位直接确定不同职位之间的相对价值顺序。这种方法实际上将职位评价和市场薪酬调查结合在一起,直接完成薪酬等级及薪酬水平的确定。

(4) 要素计点法。通过对每个岗位用计量的方式进行评价,最终得出岗位价值。要素计点法是工作评价中较为精确的方法。在要素计点法中,评价者首先要给职位的每一构成要素赋予等级不同的量化价值,再将某一职位在不同要素的分数加起来,从而确定不同职位之间的量化价值差距。与要素比较法不同,要素计点法最终得到的职位结构不是根据职位的货币价值来排列的,而是根据分数或点数对职位所做的一种排序。

对排序法、分类法、要素计点法的比较见表5.1。

表 5.1 几种主要职位评价方法的比较

职位评价方法	排序法	分类法	要素计点法
客观性	差	差	中等
精确性	低	低—中	中—高
信度	低	中	中—高
自我辩护性	差	差—中	中—高

续表

职位评价方法	排序法	分类法	要素计点法
管理负担	轻	轻	中
沟通难易	容易	容易	较容易（取决于计划本身的设计）
操作成本	低	低—中	中—高
复杂性	简单	较简单	较复杂
组织适应性	强	强	强（定制的时候）

5.2.2 技能薪酬体系

5.2.2.1 技能薪酬体系的概念

技能薪酬体系指企业根据员工所掌握的与工作有关的技能来支付基本薪酬的制度。这种薪酬制度适用于工作较具体且能够被界定的操作人员、技术人员和办公室人员。技能薪酬体系通常分为深度技能薪酬和广度技能薪酬。

调查发现，技能薪酬体系在以下几类行业中有较高的使用率：一是运用连续流程生产技术的行业，如食品加工业、林产品行业、冶金和化学行业；二是运用大规模生产技术的行业，如电子行业、汽车及其零部件制造行业、计算机行业等；三是服务行业；四是运用单位生产或小批量生产技术的行业。实践证明，技能薪酬体系能够在任何类型和任何规模的企业中存在。

5.2.2.2 技能薪酬体系的类型

（1）深度技能。

深度技能即通过在一个范围较为明确的具有一定专业性的技术或专业领域中不断积累而形成的专业知识、技能和经验。员工要想达到良好的工作绩效，一开始需要胜任一些相对较简单的工作，然后逐渐从事一些需要运用较复杂的技能的活动。深度技能的培养往往是沿着某一专业化的发展路径不断深入的一个过程。比如，大学教师的职业发展就是一种深度技能的积累过程。

（2）广度技能。

与深度技能不同，广度技能通常要求任职者不仅能够胜任自己的职位族范围内需要完成的各种任务，而且能够胜任其他职位需要完成的一般工作任务。

例如，在大型医院中，医生有非常严格的专业分工，如儿科、妇科、内科、外科等，这主要是基于深度技能的职业发展道路。而在一些基层医疗单位或社区医疗机构，医疗服务人员主要从事一些基本的医疗诊断和处理工作，这些医生更需要具备广度技能。

5.2.2.3 技能薪酬体系的关键决策

（1）技能的范围。实行技能薪酬体系的企业必须清楚考核薪酬标准的技能范围，并且将相关信息传达给每一位员工。企业不能无限制地将所有技能都纳入薪酬体系中，而是对特定岗位所需要的特定技能进行考核。此外，企业还必须确保这些技能的总价值与市场薪酬水平之间保持一定关联性。

（2）技能的广度和深度。企业还必须确定技能薪酬体系中所考核技能的广度和深度。在确定技能的广度、深度在技能薪酬体系中的考核标准时，企业需要注意：员工向上一级或同级技能的扩展，应当得到报酬；而如果是对低一级技能的强化，则不应获得报酬。

（3）单一职位族/跨职位族。企业必须清楚地界定技能薪酬体系是鼓励在员工单一职位族内精进，还是鼓励跨职位族进行突破。前者鼓励员工在固定的职业发展路径中进步，以获得薪酬；后者鼓励员工打破传统的职业发展路径，探索新的职业发展路径。

（4）培训体系与资格认证。实行技能薪酬体系的企业必须建立一套培训体系对员工进行技能培训，并帮助他们开发企业要求具备的新技能。同时，企业还必须有完善的资格认证流程，以确保员工确实掌握了这些技能。除此之外，企业还必须有一个阶段性的资格再认证流程，确保员工所具备的技能保持在某种水平。

（5）学习自主性。企业需要确定员工学习的技能类型由自己来决定，还是由企业、工作方向或客户需求来决定。

（6）管理重点。技能薪酬体系的管理重点不是限制任务安排，而是探索如何最大限度地利用员工技能。

5.2.2.4 技能薪酬体系的实施步骤

（1）成立技能薪酬体系设计小组。

技能薪酬体系设计需要建立指导委员会和设计小组，并挑选部分员工作为主题专家，在设计小组遇到各种技术问题时提供协助。指导委员会由企业高层管理人员组成，其主要作用是：第一，确保技能薪酬体系的设计与企业薪酬管

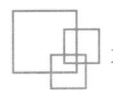

理策略和战略目标保持一致；第二，制定技能薪酬体系设计章程；第三，对设计小组的工作进行监督；第四，对设计小组的工作提供指导；第五，审查和批准最终设计方案；第六，批准和支持技能薪酬体系的沟通计划。

(2) 工作任务分析。

(3) 评价工作任务，创建新的工作任务清单。

设计小组要在对分析工作任务的基础上，评价各项工作任务的难易程度和重要程度，然后重新编排任务信息，对工作任务进行组合，为技能模块的界定打下基础。

(4) 技能等级的界定和定价。

一是技能等级的界定。技能模块是指员工为了按照既定标准完成工作任务而必须执行的一个工作任务单位或一种工作职能。可以根据技能模块中包含的工作任务内容对技能进行等级评定。

二是技能等级的定价。对技能模块的定价实际上就是确定每一个技能单位的货币价值，虽然这一操作步骤的重要性得到了认可，但是也没有一种标准的技能等级定价方法，即并不存在一种能够将技能模块和薪酬联系在一起的标准方式。尽管如此，在对技能模块进行定价的时候，任何企业都需要做出两个基本决定：确定技能模块的相对价值，建立对技能模块定价的机制。

(5) 技能的分析、培训与认证。

对员工现有技能进行分析的同时，还要制订技能培训计划、资格认证制度，并评价管理工作成果。

一是员工技能分析。对员工进行技能分析的目的在于确定员工当前具备的技能水平。员工技能评价小组应由员工的直接上级、同事、下级及客户构成。评价小组主要从各自不同的角度提供评价意见。在进行技能评价之前，评价小组确定一致的评价标准。

二是培训计划。技能分析与评价能够确定员工的实际技能水平，它所提供的信息对于制订员工培训计划十分重要。

5.2.3　能力薪酬体系

这里的能力是一系列技能、知识、能力、行为特征及其他个人特性的总称。在组合得当且环境合适的情况下，这种能力对个人、群体、特定工作及企业绩效有一种预测作用。因此，能力实际上是指能够增加价值及预测未来成功的要素。能力模型通常包括核心能力模型、职能能力模型、角色能力模型、职位能力模型。

近年来,很多企业都建立了基于能力模型的人力资源管理系统。在实施能力薪酬体系时,必须慎重地考虑以下问题:

(1) 是否有必要采用能力薪酬体系。企业必须从经营的角度认真考虑是否需要从原来的薪酬体系转变成能力薪酬体系。

(2) 必须将能力薪酬作为人力资源管理领域重大变革的一部分来实施。

5.3 薪酬水平

5.3.1 薪酬水平概念

薪酬水平指企业之间的薪酬关系,企业相对于其竞争对手的薪酬高低。一家企业所支付的薪酬水平会直接影响企业在劳动力市场上获取劳动力的能力。因此,薪酬的外部竞争性是指一家企业的薪酬水平及由此产生的企业竞争力。

(1) 吸引、保留和激励员工。

薪酬水平对企业吸引、保留和激励员工具有重要作用。如果企业的薪酬水平过低,则很难雇用合适的员工,或雇用的员工数量或质量不尽如人意。过低的薪酬水平还可能导致企业中原有员工的忠诚度下降,另谋高就的可能性上升。如果企业的薪酬水平较高,一方面可能雇用到合适的员工,另一方面有利于员工的稳定性。

此外,较高的薪酬水平还有利于防止员工的机会主义行为,激励员工努力工作,降低企业的监督管理费用。这是因为,一旦这种偷懒或消极怠工的行为以及对公司不利的其他行为被公司发现并导致员工被解雇,员工就很难再找到其他能够获得类似薪酬的新职位。

(2) 控制劳动力成本。

薪酬水平和企业的劳动力成本密切相关,尤其是在一些劳动密集型企业和以低成本为竞争手段的企业中。显然,在其他条件一定的情况下,薪酬水平越高,企业的劳动力成本就会越高,则提供与竞争对手相同或类似产品、服务的成本也就越高,其在市场上的竞争力就会越弱(除非较高的薪酬导致生产率出现更高的增长)。在当前市场竞争日益激烈的环境下,大多数产品和服务供过于求,消费者对产品的价格比较敏感。在这种情况下,控制劳动力成本对于企

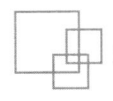

业十分重要。

（3）塑造企业形象。

薪酬水平对塑造企业形象的意义重大。它不仅可体现企业在特定劳动力市场上的定位，也可显示企业的支付能力和对人力资源的态度。企业的薪酬水平会增强消费者对企业及其产品和服务的信心，从而增强企业竞争力。

5.3.2 薪酬水平策略类型

（1）领先型薪酬策略，又称薪酬领袖政策，是采取本企业的薪酬水平高于竞争对手或市场薪酬水平的策略。这种薪酬策略以高薪为代价，在吸引和保留员工方面具有明显优势。

（2）跟随型薪酬策略，是力图使企业的薪酬成本接近竞争对手，使企业吸纳员工的能力接近竞争对手。

（3）滞后型薪酬策略，是企业的薪酬水平低于竞争对手或市场薪酬水平的策略。

（4）混合型薪酬策略，是指企业根据职位或员工的类型或总薪酬的不同组成部分分别制定不同的薪酬水平策略，而不是对所有的职位和员工均采用相同的薪酬水平策略。

5.3.3 薪酬水平的影响因素

薪酬水平调整是保持薪酬结构、等级要素、构成要素等不变，调节薪酬结构每一等级或每一要素的数值。薪酬水平的影响因素包括市场、绩效、职位和能力等，可以采用其中一种依据，也可以以其中一种依据为主，其他依据为辅。

市场：通过市场薪酬调查，了解企业关键岗位的薪酬水平，发生偏离时及时进行调整，以保持此类岗位在劳动力市场上的竞争力。这类关键岗位一般包括研发技术类、高级管理类和企业特定发展阶段的稀缺岗位等。

绩效：对于那些薪酬支付是以绩效为导向的员工，如销售类人员、生产类人员，使绩效表现与员工薪酬直接挂钩，其目的主要是奖励先进，鞭策后进。

职位：对于职位价值发生变化的职位要重新进行评估，从而重新归入相应的薪酬等级。另外，对于职位发生变化的员工，其薪酬也要与员工的职位及管理职责挂钩。

能力：对于公司认可的技能提升，比如经过培训而提升技能，要给员工调薪，其目的是更好地激励员工专业水平和技能的提高。

工龄：对于鼓励员工长期服务的企业，可以依据工龄调薪，一般幅度不大。

5.4 薪酬结构

5.4.1 薪酬结构概念

薪酬结构是对同一企业内部不同职位或者技能的工资率所做的安排。它强调的是职位或技能等级的数量、不同职位或技能等级之间的薪酬差距，以及用来确定这种差距的标准。虽然薪酬结构强调的是同一企业内部一致性问题，但它不是一个脱离外部竞争性而独立决策的过程。事实上，薪酬结构决策是在内部一致性和外部竞争性这两种薪酬有效性标准之间进行平衡的一种结果。一个完整的薪酬结构包括：薪酬的等级数量，同一薪酬等级内部的薪酬变动范围（最高值、中值及最低值），相邻两个薪酬等级之间的交叉与重叠关系。

5.4.2 薪酬结构设计步骤

薪酬结构设计通常按照以下六个步骤进行：

（1）通观被评价职位的点数状况，根据职位评价点数对职位进行排序。此步骤的目的在于从整体上观察通过计点法所得到的被评价职位的点数情况，看是否存在明显有出入的点数。

（2）按照职位评价点数对职位进行初步分组。通过对职位评价点数的观察可以发现，虽然不同的职位所得到的评价点数不同，但是有些职位的评价点数与另一些职位相当接近。因此，可以初步判断，评价点数接近的职位应当属于同一个级别。可以利用自然断点来划定职位等级。

（3）根据职位评价点数确定职位等级的数量及其点数变动范围。在实际操作过程中，由于不可能对企业的所有职位都进行评价，因此，在划分职位等级时还要考虑其他未被评价的非典型职位的情况。

（4）将职位等级划分、职位评价点数与市场薪酬调查数据结合。

（5）考察薪酬区间中值与市场水平的比较比率，对问题职位的区间中值进行调整。

（6）根据确定的各职位等级或薪酬等级区间中值建立薪酬结构。只要在考虑到各职位等级内部各种职位的价值差异及相应的外部市场薪酬水平的情况下，确定各个薪酬区间的变动比率，就可以建立一个企业的薪酬结构。

【思考与讨论】

请扫描二维码完成习题

第6章 劳动关系管理

【思维导图】

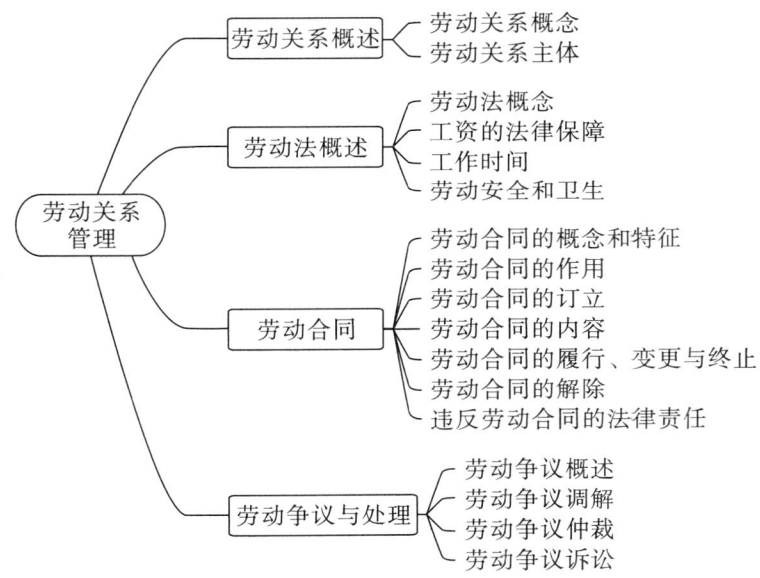

【学习目标】

1. 了解劳动关系主体的含义
2. 理解劳动合同订立的程序
3. 掌握劳动合同履行、变更与终止的情形
4. 掌握劳动合同争议的处理途径

A公司与公司工会在2006年3月10日签订了集体合同,规定公司所有员工每月工资不低于2000元。3月17日,A公司将集体合同文本及说明材料报

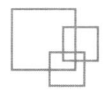

送当地劳动和社会保障局登记、审查、备案，劳动和社会保障局在 15 日内未提出异议，所以，2006 年 4 月 2 日，该集体合同自行生效。

2006 年 5 月，刘某被该公司录用，签订为期 2 年的劳动合同，每月工资 1500 元。刘某一个月后得知集体合同的规定，于是与公司进行交涉，但公司认为，集体合同是公司与工会于 2006 年 3 月签订的，4 月 2 日生效，只适用于当时公司的在职正式员工，刘某是 5 月入职的，故不属于此集体合同适用范围。刘某不服，向当地劳动争议仲裁委员会提起申诉，要求按集体合同规定执行。

6.1 劳动关系概述

6.1.1 劳动关系概念

人类的产生和发展与劳动密不可分，劳动创造了人类，造就了今天的社会。劳动关系就是在劳动过程中形成的劳动者与劳动力使用者之间的社会经济关系。劳动关系是社会经济关系的重要组成部分。

在社会历史的发展过程中，随着生产方式的演变，生产组织形式也不断变化。其中，劳动者与劳动力使用者之间的关系在不断变化，描述这个关系的概念、名称及其内涵和外延也在不断变化。在我国，人们习惯将劳动者与劳动力使用者之间的关系称为劳动关系。

由于人们对劳动力的提供者与劳动力的使用者的称谓不同，对特定劳动关系的社会经济性质和特点的认识角度不同，把握和表述存在差异，所以劳动关系又称为"劳资关系""产业关系""雇佣关系""劳工关系""劳使关系"等。

6.1.2 劳动关系主体

劳动关系主体是劳动关系的重要构成要素，所有劳动关系现象和劳动关系制度的产生、发展、变化和终止都是劳动关系主体之间不断相互作用的结果。在一个企业内部，应该处理好劳动者与用人单位之间的关系，否则会造成劳动关系主体之间的矛盾和冲突。

一般而言，劳动关系主体是劳动关系的参加者。从狭义上讲，劳动关系主体包括两方：一是劳动者和以工会为主要形式的员工团体，二是管理方及"雇主"协会。从广义上讲，劳动关系主体即劳动者及其联合体、雇主及其联合体，以及以政府劳动保障部门为代表的第三方等，政府通过立法介入和影响劳动关系，政府是广义的劳动关系主体。

6.1.2.1 管理方

管理学大师法约尔认为，管理具有计划、组织、指挥、协调与控制的职能。管理被定义为社会组织中，为了实现预期的目标，以人为中心进行的协调活动。在劳动关系中，管理方即劳动力的雇用方，也被称为用人单位或雇主。本书采用管理方的定义，是因为笔者认为在当今的劳动关系中，管理方已不是单纯的雇用方，通过职工持股等形式，一方面员工也参与到管理中来，拥有管理的部分职能；另一方面管理方也可认为是被股东们雇用的员工。

从狭义上看，管理方是指在生产组织中通过行使职权，实施管理职能，率领其隶属人员完成既定工作的各级管理人员。从广义上看，管理方除了包括企业中的各级管理人员，还包括各类正式与非正式的雇主协会。

(1) 管理方具有以下特点：

①管理方具有职权。职权是能向隶属人员进行指挥、发出命令并要求其服从并执行的权力，以及给予奖惩的权力。

②管理方通过合法程序获得职权。企业各级管理人员的职权是经由一定正式程序而赋予某个职位的一种权力。它源于企业产权，是合法的。

③职权是自上而下逐级授予的，权责对等十分重要。

(2) 在生产经营实践中，与管理方有关的概念有如下几种：

①资本家。又称为资产阶级或资本家阶级，指现代产业社会中占有生产资料、通过雇用劳动者而获得剩余价值的人。由于这一概念具有强烈的阶级对立色彩，我国立法中一般未采用。

②企业主。指企业的拥有者或资产所有者。这一概念并未从劳资关系的角度提出，更强调企业的所有权。而企业主与劳动者的对应关系表现在企业主是资本所有者，劳动者是劳动力所有者，两者在劳动关系中有着一种本质的联系。

③企业家。企业家与企业主在市场经济国家中的含义基本相同，但企业家更侧重于企业的经营。在我国，社会对于企业经营的专门人才统称为企业家。可见，两者并非对应的关系。

④雇主。指一个组织中，使用雇员进行有组织、有目的的活动，且向雇员

支付工资报酬的法人或自然人。有人认为管理方这一个概念的范围太宽泛,在劳动关系实践中,许多中低层管理者应该属于雇员系列,而从自然人的角度理解,管理方应该是拥有决策权,处于整个组织权力结构最高层,代表组织进行决策的人员。使用雇主这一概念的人认为,雇主并不包括各级管理人员,采用管理方并不恰当。而笔者认为,由于现代企业制度下产权关系的演变,采用管理方的定义更为恰当。

⑤用人单位。用人单位是《中华人民共和国劳动法》(以下简称《劳动法》)一直沿用的概念,这一概念在市场经济条件下具有明显的局限性,其表现在用人单位不仅只是用人的一方,在现代企业制度的委托代理关系中也有可能是被雇用的一方。因此本书认为,用管理方的定义仍比用人单位更恰当。

6.1.2.2 雇主协会

雇主协会是一种团体组织,它由雇主组成,代表并维护雇主利益,通过谈判和协商与工会协调劳动关系。雇主协会是为对抗工会而形成的。

雇主协会由雇主自愿加入,具有法人资格。它实行独立核算,依靠为雇主服务取得服务性收入。雇主协会的机构主要为会员大会和理事会,前者决定重大事项,后者处理日常事务。雇主协会以维护所代表的雇主在劳动关系中的利益为宗旨,其中不能带有政治目的。各国对现代雇主协会的职能也有诸多限制,例如,不得从事反工会活动,不得制造困难阻止雇员加入工会或参加工会活动,不得干涉工会事务,不得拒绝按规定程序与工会进行集体谈判或阻碍集体谈判的正常进行。

(1)雇主协会的类型。

雇主协会主要有以下三种类型:

①行业协会。由某一行业内企业组成的单一的全国性行业协会。在很多国家,将这种组织视为经济组织,因为这种行业协会不处理劳动关系,而主要负责制定行业规范、产品标准化等事宜。

②地区协会。由某一地区的多种企业组成的地区性协会,代表该地区雇主的共同利益。这种协会一般与全国性雇主协会一样,负责处理劳动关系等涉及雇主利益的事宜。

③雇主组织。由雇主组成,旨在维护雇主利益,并努力调整雇主与雇员及雇主与工会之间关系的组织。雇主组织由法人组成,其性质不同于只关注成本技术的行业协会,雇主组织参与处理劳动关系。雇主组织可分为全国性雇主联合会(如法国雇主联合会、中国企业联合会等)、单一行业或产业的全国性协

会（如中国电力企业联合会）、地区协会（如广州企业家协会等）。

（2）雇主协会的作用。

雇主协会负有协调劳资关系的法定职责。其主要作用是在集体谈判中支持会员组织，维护雇主利益，并积极游说政府。英国在《英国劳资关系法实施细则》中有明确规定：第一，雇主协会应该同工会一起共同维护产业一级或其他级别上的有效安排，以解决争端和商谈雇佣条款及雇佣条件；鼓励协会成员有效地解决冲突，通过员工参与管理来实现产业内部的民主，以此来缓和、协调劳动关系。第二，国家级雇主协会可以参与立法和政策制定，以影响劳动关系的外部环境。第三，雇主协会为其会员提供包括法律、人力资源管理、培训、咨询在内的各方面服务。

6.1.2.3 雇员

雇员也称为劳动者，我国的广大劳动者是指在各种企业、事业组织、国家机关、社会团体和个体经济组织等从事有组织的社会劳动的人。劳动法中所指劳动者包括具有劳动能力的本国公民、外国人和无国籍人，包括企业、国家机关、事业组织、社会团体的工勤人员，实行企业化管理的事业组织的非工勤人员，以及其他通过劳动合同（包括聘用合同）与国家机关、事业单位、社会团体建立劳动关系的劳动者。

6.2 劳动法概述

6.2.1 劳动法概念

6.2.1.1 广义的劳动法[①]

广义的劳动法是调整特定劳动关系及与劳动关系有密切联系的其他社会关系的法律规范的总称。可以从以下几个方面来理解：

第一，劳动法研究的劳动是有偿和基于特定劳动关系的社会劳动。

第二，劳动法调整的社会关系有两个部分，劳动关系和与劳动关系有密切

---

① 本书涉及的劳动法是广义的劳动法。

联系的社会关系。

第三,广义的劳动法是法律规范的总称,包括一切与劳动关系有关的规定、规章、法规和法律。

6.2.1.2 狭义的劳动法

狭义的劳动法一般指国家最高立法机构制定颁布的全国性、综合性的法律。我国实施的《中华人民共和国劳动法》(以下简称《劳动法》)就是一般理解的狭义的劳动法。

第一,《劳动法》是由我国最高立法机关颁布的法律。《劳动法》经过多次的起草和修改工作,是中华人民共和国成立后第一部综合性调整劳动关系的法律。

第二,《劳动法》适用于全国。

第三,《劳动法》的内容包括调整特定劳动关系及与劳动关系有密切联系的各个方面,是一部全面系统的法律,是制定我国其他劳动法规和地方性劳动立法的基础。

6.2.1.3 劳动法的主要内容

劳动法调整的范围涉及劳动关系的方方面面,主要包括:

(1) 劳动管理方面。主要是涉及劳动管理机构设置及其职权。

(2) 劳动就业方面。

(3) 劳动关系协调方面。这是调整劳动关系最基础的法律制度,主要指劳动合同法、劳动协商法和集体合同法。其目的是更好地保护劳动双方处于弱势一方的劳动者。

(4) 劳动标准方面。主要指国家制定的关于劳动者最基本劳动条件的法律法规,包括最低工资法、工作时间法、劳动安全与卫生法等。其目的是改善劳动条件,保障劳动者的基本生活,避免伤亡事故的发生。这一类法律属于强制性规范,用人单位必须遵守执行。

(5) 社会保险方面。主要是对劳动者基本生存条件的保障及生活质量的提高进行规定,包括养老保险法、医疗保险法、失业保险法生育保险法、工伤保险法、遗属津贴等。

(6) 劳动权利保障与救济方面。主要包括劳动监察法、劳动争议处理法。

除以上根据法律内容为分类体系外,也有从不同角度进行分类的方法,如根据法律性质,由劳动实体法、劳动程序法、劳动监察法构成体系;根据法律职能，由劳动标准法、劳动关系法、职业保障法构成体系；根据职业（行业）的不同，由企业劳动法、公务员劳动法、科技人员劳动法等构成体系。

6.2.1.4 劳动法的特征

（1）不断变革。

与其他法律不同，劳动法随时间推移呈现出一种持续、不明显的变化，劳动法的内容如工资、劳动保护、保险福利等更接近现实经济生活。因此，劳动法始终处于持续不断的变化中。

（2）劳动法的基本价值取向是侧重保护劳动者。

保护劳动者是劳动法与生俱来的使命。为使劳动者有尊严地劳动，就必须通过法律的强制性来弥补劳动者的弱势地位。为了建立稳定和谐的劳动关系，也有保护用人单位的反不正当竞争法、知识产权法等。

（3）实体法和程序法相统一。

实体法是指具体明确法定权利和义务，制定某个问题的规则，例如最低工资标准。程序法是指规定如何实现权利和义务，包括辩护、诉讼、提供证据、审判、裁决和上诉等方面的规则。劳动法既有实体法规范，也有程序法规范，这是劳动法的特殊性。

（4）遵循三方性原则。

三方性原则是指在指定劳动法规、调整劳动关系、处理劳动争议和参加国际劳工会议方面，要有政府、工人和雇主三方代表参加。坚持三方性原则，有利于促进政、劳、资三方合作，共同改善劳动状况，坚持社会正义。

6.2.2 工资的法律保障

6.2.2.1 工资的法律含义

在劳动法范畴，劳动报酬主要通过工资形式表现。我国《工资支付暂行规定》规定，"工资是指用人单位依据劳动合同规定，以各种形式支付给劳动者的工资报酬。""工资应当以法定货币支付。不得以实物及有价证券替代货币支付。"《关于工资总额组成的规定》规定，工资总额由以下部分组成：计时工资、计件工资、奖金、津贴和补贴、加班加点工资、特殊情况下支付的工资。其中计时工资、计件工资是工资支付的基本形式，奖金、津贴和补贴、加班加点工资、特殊情况下支付的工资是工资的辅助形式。

劳动者的工资与收入既有联系又有区别。工资是指用人单位支付给本单位劳动者的货币报酬。收入是指用人单位在法律允许的范围内支付给本单位劳动者的各种形式的报酬，包括货币报酬和实物报酬。在我国，工资仍然是劳动者及其家庭成员生活的主要来源。

6.2.2.2 工资的法律保障

（1）工资处理不受干涉。

任何人不得限制和干涉员工处理其工资的自由。用人单位不得以任何方法要求甚至强迫员工到用人单位或其他任何人的商店购买商品，也不得强迫员工接受用人单位提供的劳动服务。任何限定员工工资的使用地点和方式的协议都是非法、无效的。

（2）禁止克扣和无故拖欠劳动者工资。

任何组织和个人无正当理由不得克扣和拖欠劳动者的工资。克扣和拖欠劳动者工资，是一种侵权行为。《劳动法》第五十条规定，"不得克扣或者无故拖欠劳动者工资"。克扣劳动者的工资是指在正常情况下，劳动者依法律或合同规定完成了生产工作任务，用人单位未能足额支付规定的报酬，或借故不支付劳动者的全部工资。拖欠劳动者工资是指用人单位在规定时间内未支付劳动者工资。通常，劳动者和用人单位在工资支付周期内事先商量具体付薪时间，并形成制度，超过商定付薪时间未能支付工资的，即为拖欠工资。

扣除工资的限制。为保证劳动者最低生活水平，各国法律都规定对工资的扣除要有一定的比例，或者规定工资的扣除要保持在一定限度内，低于一定限度的工资不得扣除。《工资支付暂行规定》指出，"因劳动者本人原因给用人单位造成经济损失的，用人单位可按照劳动合同的约定要求其赔偿经济损失。经济损失的赔偿，可从劳动者本人的工资中扣除。但每月扣除部分不得超出劳动者当月工资的20％。若扣除后的剩余工资部分低于当地月最低工资标准，则按最低工资标准支付"。

6.2.2.3 工资支付原则

根据《劳动法》和《工资支付暂行规定》等，用人单位必须遵循下列原则：

（1）货币支付原则。工资应当以法定货币支付，不得以实物及有价证券代替货币支付。

（2）直接支付原则。用人单位应将工资支付给劳动者本人。劳动者本人因故不能领取工资时,可由其亲属或委托他人代领。用人单位可委托银行代发工资。用人单位必须书面记录支付劳动者工资的数额、时间、领取者的姓名以及签字,并保存两年以上备查。用人单位在支付工资时应向劳动者提供一份其个人的工资清单。

(3) 全额支付原则。法定和约定应当支付给劳动者的工资项目和工资额,必须全部支付,不得克扣。正是基于此规则,国家规定用人单位在支付工资时应当向劳动者提供一份个人工资清单。

(4) 定期支付原则。工资必须在用人单位与劳动者约定的日期支付。如遇节假日或休息日,则应提前在最近的工作日支付。工资至少每月支付一次,实行周、日、小时工资制的可按周、日、小时支付工资。对完成一次性临时劳动或某项具体工作的劳动者,用人单位应按有关协议或合同规定在其完成劳动任务后即支付工资。劳动关系双方依法解除或终止劳动合同时,用人单位应在解除或终止劳动合同时一次付清劳动者工资。凡拖欠工资的,应当按拖欠日期和拖欠工资额向劳动者赔偿损失

(5) 紧急支付原则。即在劳动者因遇有紧急情况下不能维持生活时,用人单位向劳动者预支其可得工资的相当部分。

6.2.3 工作时间

工作时间是指劳动者根据国家法律规定,在一个昼夜或一周之内从事本职工作而消耗的时间。工作时间既包括劳动者实际完成工作的时间,也包括劳动者从事生产和工作所必需的准备和结束的时间,从事连续性有害健康的间歇时间、工艺中断时间、女职工哺乳未满一岁婴儿的哺乳时间以及因公外出等法律规定限度内消耗的其他时间。工作时间可以按小时、日、周、月、季和年来计算,用人单位必须按规定支付劳动者劳动报酬。

工作时间是最重要的劳动条件之一,工作时间制度是否优良,不仅影响劳动者工作权益的保障,也影响企业的日常经营活动,甚至影响企业的竞争力。

(1) 标准工作时间。

标准工作时间是指根据法律规定正常情况下的工作时间,分为标准工作日和标准工作周。1995 年 5 月 1 日实施的《国务院关于职工工作时间的规定》提出,"职工每日工作 8 小时、每周工作 40 小时。"

(2) 非标准工作时间。

非标准工作时间是指在特殊情形下适用的不同于标准工作时间的工作时

间。根据《劳动法》的规定，企业因生产特点不能实行标准工作时间的，经劳动行政部门批准，可以实行其他工作和休息办法。根据目前我国法律法规，我国的非标准工作时间有：缩短工作时间、不定时工作时间、综合计算工作时间、计件工作时间。

6.2.3.1 加班加点

（1）加班加点概念。

加班加点即延长劳动时间，是指劳动者的工作时间超过法定标准工作时间。加班，是指劳动者在法定节日或公休假日从事生产或工作。加点，是指劳动者在标准工作日以外继续从事劳动或工作。为维护劳动者的身体健康和合法权益，国家法律法规严格限制加班加点。《劳动法》第四十三条规定，"用人单位不得违反本法规定延长劳动者的工作时间。"

（2）加班加点的条件和工资。

①一般条件。

用人单位由于生产经营需要，可以延长工作时间。《劳动法》第四十一条规定明确了加班加点的条件，"用人单位由于生产经营需要，经与工会和劳动者协商后可以延长工作时间，一般每日不得超过一小时；因特殊原因需要延长工作时间的，在保障劳动者身体健康的条件下延长工作时间每日不得超过三小时，但是每月不得超过三十六小时。"《劳动法》第九十条还规定，"用人单位违反本法规定，延长劳动者工作时间的，由劳动行政部门给予警告，责令改正，并可以处以罚款。"《劳动保障监察条例》第二十五条规定，"用人单位违反劳动保障法律、法规或者规章延长劳动者工作时间的，由劳动保障行政部门给予警告，责令限期改正，并可以按照受侵害的劳动者每人100元以上500元以下的标准计算，处以罚款。"

②特殊条件。

《劳动法》第四十二条规定，"有下列情形之一的，延长工作时间不受本法第四十一条的限制：（1）发生自然灾害、事故或者因其他原因，威胁劳动者生命健康和财产安全，需要紧急处理的；（2）生产设备、交通运输线路、公共设施发生故障，影响生产和公众利益，必须及时抢修的；（3）法律、行政法规规定的其他情形。"这里的其他情形是指：在法定节日和休假日内工作不能间断，必须连续生产、运输或营业的；必须利用法定节日和休假日的停产期间进行设备检修、保养的；为完成国防紧急任务的；为完成国家下达的其他紧急生产任务的。

③加班加点的工资。

《劳动法》规定，劳动者加班加点如果有下列三种情形之一，用人单位应当按照以下标准支付高于劳动者正常工作时间工资的工资报酬：

第一，安排劳动者延长工作时间的，支付不低于工资的150％的工资报酬。

第二，休息日安排劳动者工作又不能安排补休的，支付不低于工资的200％的工资报酬。

第三，法定休假日安排劳动者工作的，支付不低于工资的300％的工资报酬。

6.2.3.2 休息休假

（1）休息休假概念。

休息休假是指劳动者在国家规定的法定工作时间以外自行支配的时间。休息休假是劳动者休息权的体现。各国普遍在宪法或劳动法中明确规定了休息权。《中华人民共和国宪法》第四十三条规定："中华人民共和国劳动者有休息的权利。国家发展劳动者休息和休养的设施，规定职工的工作时间和休假制度。"

（2）休息休假类型。

根据《劳动法》及相关法规，劳动者的休息时间有：

①工作日内的间歇时间，即一个工作日内给予劳动者休息和用餐的时间。

②两个工作日之间的休息时间，即一个工作日结束后至下一个工作日开始前的休息时间。

③公休假日，工作满一个工作周以后的休息时间。我国劳动者的公休假日为两天，一般安排在周六和周日。

④法定休息日，即国家法律统一规定的用于开展庆祝、纪念活动的休息时间。

⑤年休假，即法律规定的劳动者工作满一定年限后，每年享有的保留工作带薪连续休假。《劳动法》第四十五条规定："国家实行带薪年休假制度。劳动者连续工作一年以上的，享受带薪年休假。具体办法由国务院规定。"

⑥探亲假，即劳动者享有的探望自己分居两地的配偶和父母的休息时间。

6.2.4 劳动安全卫生

《劳动法》对劳动者工作场所的要求，主要通过与劳动安全卫生制度有关的专章规定体现。此外，还有一系列与《劳动法》配套的劳动安全卫生法规和国家标准，如《企业职工伤亡事故报告和处理规定》《中华人民共和国矿山安全法》《矿山安全监察员管理办法》《中华人民共和国安全生产法》等。

（1）劳动安全卫生管理制度。

为保障劳动者在劳动过程中的安全和健康，用人单位应根据国家有关规定，结合本单位实际，制定有关劳动安全卫生管理的制度。《劳动法》第五十二条规定，"用人单位必须建立、健全劳动安全卫生制度，严格执行国家劳动安全卫生规程和标准，对劳动者进行劳动安全卫生教育，防止劳动过程中的事故，减少职业危害。"

（2）劳动安全卫生技术规程。

劳动安全卫生技术规程是防止和消除生产过程中的伤亡事故、保障劳动者生命安全和减轻劳动强度、维护生产设备安全运行的规范。《劳动法》第五十三条规定，"劳动安全卫生设施必须符合国家规定的标准。新建、改建、扩建工程的劳动安全卫生设施必须与主体工程同时设计、同时施工、同时投入生产和使用。"

（3）伤亡事故报告和处理制度。

伤亡事故报告和处理制度是对劳动者在劳动过程中发生的伤亡事故进行统计、报告、调查、分析和处理的制度。《劳动法》第五十七条规定，"国家建立伤亡事故和职业病统计报告和处理制度。县级以上各级人民政府劳动行政部门、有关部门和用人单位应当依法对劳动者在劳动过程中发生的伤亡事故和劳动者的职业病状况，进行统计、报告和处理。"

（4）劳动者的权利。

《劳动法》第五十六条规定，"劳动者在劳动过程中必须遵守安全操作规程。劳动者对用人单位管理人员违章指挥、强令冒险作业，有权拒绝执行；对危害生命安全和身体健康的行为，有权提出批评、检举和控告。"《劳动法》第五十四条规定，"用人单位必须为劳动者提供符合国家规定的劳动安全卫生条件和必要的劳动防护用品，对从事有职业危害作业的劳动者应当定期进行健康检查。"

6.2.5 女职工保护

根据妇女的生理特点，对女职工在劳动过程和劳动市场中实施特殊保护。国际劳工组织先后制定了对女职工进行特殊保护的公约和建议书。我国也制定了一系列关于女职工特别保护的法律法规，如《妇女权益保法》《女职工劳动保护规定》《女职工禁忌劳动范围的规定》等。

（1）就业权利保障。

我国《劳动法》规定，"妇女享有与男子平等的就业权利。""除国家规定的不适合妇女的工种或者岗位外，不得以性别为由拒绝录用妇女或者提高对妇女的录用标准。"不得以结婚、怀孕、产假、哺乳等为由辞退女职工或者单方面解除劳动合同；男女同工同酬，同等劳动应领取同等报酬，不得因女工怀孕、生育、哺乳而降低其基本工资。女职工生育期间，享有法律规定的产假和医疗待遇，产假期间应由所在单位照发工资。

（2）女职工禁止从事的劳动。

《劳动法》第五十九条规定，"禁止安排女职工从事矿山井下、国家规定的第四级体力劳动强度的劳动和其他禁忌从事的劳动。"

（3）"四期"保护。

女职工"四期"保护，是指女职工在经期、孕期、产期、哺乳期的保护。①经期保护。《劳动法》第六十条规定，"不得安排女职工在经期从事高处、低温、冷水作业和国家规定的第三级体力劳动强度的劳动。"

②孕期保护。《劳动法》第六十一条规定，"不得安排女职工在怀孕期间从事国家规定的第三级体力劳动强度的劳动和孕期禁忌从事的劳动。对怀孕七个月以上的女职工，不得安排其延长工作时间和夜班劳动。"

③产期保护。

④哺乳期保护。《劳动法》第六十三条规定，"不得安排女职工在哺乳未满一周岁的婴儿期间从事国家规定的第三级体力劳动强度的劳动和哺乳期禁忌从事的其他劳动，不得安排其延长工作时间和夜班劳动。"

6.2.6 未成年工保护

未成年工是指年满16周岁未满18周岁的劳动者。对未成年工，国际劳工公约最早是从不同行业的就业年龄分别制定标准。我国劳动法律对未成年工的特殊保护做了专门规定：

（1）最低就业年龄的规定。禁止用人单位招用未满16周岁的未成年人，文艺、体育部门需招收未满16周岁的未成年人的，必须严格依照法律规定办理。禁止任何单位使用童工或为未满16周岁的少年、儿童介绍职业。

（2）禁止未成年工从事有害健康的工作。不得安排未成年工从事矿山井下、有毒有害、国家规定的第四级体力劳动强度的劳动和其他禁忌从事的劳动。

（3）定期体检。用人单位应当对未成年工定期进行健康检查。

（4）实行登记制度。用人单位招收使用未成年工，除符合一般用工要求外，还需向所在地的县以上劳动行政部门办理登记。

6.3 劳动合同

6.3.1 劳动合同的概念和特征

6.3.1.1 劳动合同的概念

劳动合同，又称劳动契约、劳动协议，是指劳动者与用人单位确立劳动关系，明确双方权利和义务，并经过协商达成的书面协议。《劳动法》第十六条规定，"建立劳动关系应当订立劳动合同。"《中华人民共和国劳动合同法》（以下简称《劳动合同法》）第十条规定，"建立劳动关系，应当订立书面劳动合同。"这表明，根据协议，劳动者加入用人单位，承担某一项工作和任务，遵守单位内部的劳动规则和其他规章制度，用人单位有义务按照劳动者的劳动数量和质量支付劳动报酬，并根据劳动法律、法规和双方协议，提供各种劳动条件，保证劳动者享有本单位成员的各种权利和福利待遇。

6.3.1.2 劳动合同的特征

（1）劳动合同双方主体的特定性。

劳动合同的主体一方是劳动者，除国家规定的特殊行业外，必须是能够提供劳动力的年满16周岁的自然人；而另一方则必须是具备法定资格的用人单位。劳动合同的当事人不可能同时是单位，也不可能同时是劳动者。

（2）劳动合同中劳动者地位的特殊性。

劳动者与用人单位在签订合同时地位平等，双方可以就合同的内容进行协商，但在劳动合同履行过程中，双方当事人在职责上具有身份上的从属关系，劳动者要服从用人单位的管理，遵守用人单位的劳动纪律和规章制度。

（3）劳动合同的不自由性。

虽然劳动合同的双方当事人都有选择相对人的自由，而且就具体的劳动合同内容,可在合法的前提下协商一致,同时双方当事人还可以在自愿的情况下,按法定程序解除劳动关系。但在劳动合同中,劳动者必须遵循亲自履行原则,因此劳动者不能委托他人代理自己履行义务,同时用人单位不能任意与劳动者约定超越法律之外的条款。

(4) 劳动合同可能涉及第三人的物质利益。

这一特征是由劳动力本身再生产的特点决定的。在特定条件下,劳动合同内容往往不仅限于当事人的权利和义务,有时还需涉及劳动者的直系亲属在一定条件下享受的物质帮助权,如劳动者的直系亲属的入托、入学、疾病保险等问题。

6.3.2 劳动合同的作用

劳动合同作为确立劳动关系的法律形式,是组织社会劳动、合理配置劳动力资源、稳定劳动关系、促进社会生产力发展的重要手段。在社会主义市场经济条件下,劳动合同的作用主要有以下三点:

(1) 劳动合同是建立劳动关系的基本形式。

以劳动合同作为建立劳动关系的基本形式,是世界各国的普遍做法,也是建立和完善我国社会主义市场经济体制的客观要求。劳动过程非常复杂,也是千变万化的,不同行业、不同单位和不同劳动者在劳动过程中的权利义务各不相同,国家法律法规只能对共同性问题做出原则性的规定,而不可能对当事人的权利义务进行具体规定。这就要求双方当事人依法签订劳动合同,明确相互的权利和义务。

(2) 劳动合同是促进劳动力资源合理配置的重要手段。

用人单位可以根据生产经营或工作需要确定招收录用劳动者的时间、条件、方式和数量,并且通过与劳动者签订不同类型、不同期限的劳动合同,发挥劳动者的专长,合理使用劳动力。劳动合同主体双方享有依法订立、变更、解除、终止劳动合同的自主权,双方既可确立相对稳定的劳动关系,又可促使劳动力流动,从而达到促进劳动力资源合理配置的目的,进而达到提高劳动生产率,促进社会生产力发展的根本目的。

(3) 劳动合同有利于避免或减少劳动争议。

劳动合同明确规定劳动者和用人单位之间的劳动权利、义务和责任,这对合同主体双方既是一种保障,又是一种约束,有助于提高双方履行合同的自觉性,促使双方正确地行使权利,严格地履行义务。因此,劳动合同的订立和执行，有利于避免和减少劳动争议的发生，稳定劳动关系。即使发生劳动争议，也可以合同条款为依据进行处理，有利于争议的解决。

6.3.3 劳动合同的订立

6.3.3.1 劳动合同订立的原则

《劳动合同法》第三条规定，"订立劳动合同，应当遵循合法、公平、平等自愿、协商一致、诚实信用的原则。"

(1) 合法原则。

①形式合法。

《劳动法》第十九条规定，"劳动合同应当以书面形式订立。"《劳动合同法》第十条规定，"建立劳动关系，应当订立书面劳动合同。已建立劳动关系，未同时订立书面劳动合同的，应当自用工之日起一个月内订立书面劳动合同。"《劳动合同法》第八十二条规定，"用人单位自用工之日起超过一个月不满一年未与劳动者订立书面劳动合同的，应当向劳动者每月支付二倍的工资。"《劳动合同法》把订立书面劳动合同规定为用人单位的一项法定义务，否则，用人单位要承担一定的法律后果。

②主体合法。

劳动双方当事人必须具有劳动权利和劳动行为能力，都能履行劳动合同规定的义务。比如，用人单位必须具有法人资格，能够依法支付工资，缴纳社会保险费，提供劳动保护条件，并能够承担相应的民事责任等。劳动者必须年满16岁，国家禁止使用童工。

③内容合法。

劳动合同的内容是核心部分。用人单位与劳动者订立一份有法律效力的劳动合同，不仅要形式、主体合法，更重要的是内容合法。其内容要详细说明劳动合同期限、工作内容、劳动保护和劳动条件、劳动报酬、劳动纪律、劳动合同终止的条件、违反劳动合同的责任等必备条款，另外还有协商约定的条款。

订立劳动合同，用人单位不得要求劳动者提供担保，不得以担保为名向劳动者收取抵押金、抵押物、保证金、定金及其他费用，也不得扣押劳动者的身份证及其他证件。

(2) 公平原则。

公平原则是指劳动合同的内容应当公平、合理。反映在合同关系上，表现为当事人的权利义务对等，任何一方当事人既享有权利，又承担义务，且双方当事人之间权利义务分配大体上平衡。用人单位不能滥用经济上的优势地位，迫使劳动者订立不公平的合同。

（3）平等原则。

平等原则是指劳动合同的当事人在合同关系中的法律地位平等。主要体现在以下几点：

①在订立合同时，双方当事人法律地位平等，劳动合同主体平等地享有权利与承担义务，对劳动合同内容的约定必须经过劳动合同双方当事人反复磋商，才能订立。

②在履行劳动合同时，劳动合同的任何一方当事人不得擅自变更或解除劳动合同。在一般情况下，如果遇到特殊情况需要变更或解除劳动合同的，必须经过双方当事人协商一致。

③在承担劳动合同责任时，任何一方不履行劳动合同规定的义务，都应承担法律责任。对违反其他法律法规的劳动合同的当事人，需要追究其他形式法律责任的，还应依法追究其他形式的法律责任。

（4）自愿原则。

自愿原则是合同的精髓，合同不违反劳动法和其他法律规定，不违反社会公共利益，劳动合同的当事人就享有合同自由。自愿原则包括以下几点：

①劳动合同的双方当事人有权依照自己的意志自主地决定订立或不订立劳动合同。劳动合同的权利可以由当事人在法定范围内依自己的意志取得，任何人不得强迫、干涉。用人单位或劳动者一方当事人可以有权自主决定是否与另一方当事人订立劳动合同。

②劳动合同的双方当事人有权自由决定同谁订立劳动合同。用人单位可以根据本单位的需要自主选择劳动者，劳动者也可以按照自己的意愿选择用人单位。

③劳动合同的双方当事人有权决定劳动合同的内容。在符合法律规定的情况下，劳动合同的双方当事人可以自主约定劳动合同的部分内容。

④在法律规定的范围内，劳动合同的当事人有变更和解除劳动合同的自由。用人单位与劳动者有权按照法律的规定、法律规定的程序变更和解除劳动合同。

⑤劳动合同的当事人有权选择《劳动法》或《劳动合同法》规定的劳动合同的形式。

自愿原则与平等原则密切相关，相辅相成。没有平等不能做到真正的自愿，没有自愿也谈不上平等。只有保障劳动合同的当事人法律地位平等，劳动合同当事人才能在平等的基础上自愿地协商劳动合同的有关事宜；只有当劳动合同当事人自主自愿地决定劳动合同的内容，劳动合同当事人的法律地位才能算是平等的。

（5）协商一致原则。

订立劳动合同的协商一致是指劳动合同的双方当事人就劳动合同的各项条款，经过反复磋商，取得完全一致的意见的过程，是劳动合同的双方当事人意思表示一致的过程。协商一致原则也必须是在当事人平等、自愿的基础上，没有当事人法律地位的平等，意思表示的真实、自愿，订立的劳动合同不可能体现劳动合同双方当事人的协商一致。

（6）诚实信用原则。

诚实信用原则要求当事人在合同签订、履行及终止的全过程，都要诚实守信。《劳动合同法》第八条规定，"用人单位招用劳动者时，应当如实告知劳动者工作内容、工作条件、工作地点、职业危害、安全生产状况、劳动报酬，以及劳动者要求了解的其他情况；用人单位有权了解劳动者与劳动合同直接相关的基本情况，劳动者应当如实说明"。《劳动合同法》通过引入诚实信用原则，使劳动者和用人单位在劳动关系缔结前、劳动关系存续期间及劳动关系终止后的各个阶段都有相应的约束和保障，有利于维护与发展和谐、稳定、公平的劳动关系。

6.3.3.2 劳动合同订立的程序

劳动合同订立的程序是指订立劳动合同，建立劳动法律关系所必须遵守的步骤。劳动合同订立的程序应符合法律规定，还要用书面的形式予以确认。根据《劳动法》的有关规定及工作实践，劳动合同订立的程序一般如下：

（1）用人单位提出合同。

劳动合同一般由用人单位提出，征求应招新员工的意见。用人单位应向新员工如实地详细介绍本单位的情况、劳动合同条款涉及的有关情况及签订劳动合同的要求。新员工应仔细阅读了解合同内容。用人单位还有义务回复新员工的询问、意见和要求。

（2）双方协商一致，签订劳动合同。

用人单位与新员工依法就劳动合同的条款进行协商。劳动者要先确认劳动合同是否具备产生法律约束条件，例如，用人单位应是依法成立的劳动组织，能够依法支付工资、缴纳社会保险费、提供劳动保护条件，并能承担相应的民事责任等。取得一致意见后,达成协议,填写劳动合同书,并签名盖章,劳动合同即成立。

(3) 鉴证劳动合同。

工会对录用的新员工实行必要的监督。用人单位录用新员工时,应当通知基层工会。基层工会若发现新员工违反政府法令,有权3日内提出异议。劳动合同签订后,应当到当地劳动行政机关申请鉴证,并向其三管部门和当地劳动部门备案。

6.3.4 劳动合同的内容

劳动合同的内容是指劳动者和用人单位双方经过协商达成的关于劳动权利与义务的具体规定,具体表现为劳动条款,包括法定条款和约定条款两个部分。

6.3.4.1 法定条款

法定条款是指依照法律规定劳动合同应当具备的条款。《劳动合同法》第十七条规定,劳动合同应具备以下主要条款。

(1) 用人单位的基本情况。

其包括用人单位的名称、住所和法定代表人或者主要负责人。这些信息明确了劳动合同的主体一方,劳动者需要清楚与自己建立劳动关系的用人单位的具体情况,以便在履行合同过程中确定权利义务。

(2) 劳动者的基本信息。

其包括劳动者的姓名、住址和居民身份证或者其他有效身份证件号码。这是对劳动者身份的明确,确保劳动合同的签订对象具有合法性和唯一性,也是保障劳动者权益和明确其义务的基础。

(3) 劳动合同期限。

其分为固定期限、无固定期限和以完成一定工作任务为期限三种类型。比如,固定期限劳动合同会明确约定合同的起始和终止时间;无固定期限劳动合同则没有明确的终止时间,只要不出现法定解除或终止的情形,合同持续有效;以完成一定工作任务为期限的劳动合同,会以某项工作任务的完成作为合同终止的标志,如自合同签订之日起,至完成××项目为止。

(4) 工作内容和工作地点。

工作内容:具体描述劳动者的工作岗位、工作任务和职责范围等。比如软件工程师岗位，工作内容可能包括软件设计、编码、测试等。

工作地点：明确劳动者工作的具体地理位置，这关系到劳动者的工作便利性和生活成本等问题。

（5）工作时间和休息休假。

工作时间：常见的有标准工时制、不定时工作制和综合计算工时工作制。标准工时制一般是每天工作不超过 8 小时，每周工作不超过 44 小时；不定时工作制适用于一些工作性质特殊、工作时间不固定的岗位，如销售人员等；综合计算工时工作制则是按一定周期综合计算工作时间。

休息休假：包括劳动者享有的法定节假日、年休假、病假、婚假、产假等各类休假权利及具体休假规定。

（6）劳动报酬。

明确工资的数额、支付方式、支付时间等。如工资为每月 5000 元，每月 15 日以货币形式支付；还可能包括奖金、津贴、补贴等其他劳动报酬形式及发放条件。

（7）社会保险和福利待遇。

用人单位应为劳动者缴纳的养老保险、基本医疗保险、失业保险、工伤保险和生育保险等社会保险，以及具体的缴费比例和基数。福利待遇包括住房补贴、交通补贴、午餐补贴等。

（8）劳动保护、劳动条件和职业危害防护。

用人单位为保障劳动者在劳动过程中的安全和健康所提供的劳动保护用品、安全卫生设施、工作环境等条件，以及对可能存在的职业危害进行防护的措施和告知等内容。

6.3.4.2 约定条款

（1）试用期条款。

其包括约定试用期的时间、工资、转正条件等内容。《劳动合同法》第十九条规定，"劳动合同期限三个月以上不满一年的，试用期不得超过一个月；劳动合同期限一年以上不满三年的，试用期不得超过二个月；三年以上固定期限和无固定期限的劳动合同，试用期不得超过六个月。"

（2）服务期条款。

《劳动合同法》第二十二条规定，"用人单位为劳动者提供专项培训费用，对其进行专业技术培训的，可以与该劳动者订立协议，约定服务期。劳动者违反服务期约定的，应当按照约定向用人单位支付违约金。"

(3) 保密条款。

明确劳动者对在工作过程中知悉的用人单位商业秘密、技术秘密等信息负有保密义务，以及保密的范围、期限、违约责任等。

(4) 竞业限制条款。

《劳动合同法》第二十三条规定，"对负有保密义务的劳动者，用人单位可以在劳动合同或者保密协议中与劳动者约定竞业限制条款，并约定在解除或者终止劳动合同后，在竞业限制期限内按月给予劳动者经济补偿。劳动者违反竞业限制约定的，应当按照约定向用人单位支付违约金。"

(5) 补充保险和福利待遇。

除社会保险和福利待遇外，用人单位和劳动者可以协商约定补充商业保险、企业年金、补充住房公积金等补充保险和其他福利待遇。

(6) 劳动合同的变更、解除和终止条款。

包括约定劳动合同在履行过程中，出现何种情况可以变更合同内容，双方在什么条件下可以解除或终止劳动合同，及相应的程序和法律后果等。

(7) 经济补偿和赔偿条款。

明确在劳动合同解除或终止时，用人单位应当向劳动者支付经济补偿的情形、计算方法和支付时间等；以及劳动者违反劳动合同约定给用人单位造成损失时，应当承担赔偿责任的情形和赔偿范围等。

(8) 争议解决条款。

约定双方在履行劳动合同过程中发生争议时的解决方式，如协商解决、申请劳动仲裁或向人民法院提起诉讼等，以及选择的仲裁机构或管辖法院等内容。

6.3.5 劳动合同的履行、变更与终止

6.3.5.1 劳动合同的履行

劳动合同从签订到最终完成包括许多程序，劳动合同的履行居于核心地位。《劳动法》第十七条规定，"劳动合同依法订立即具有法律约束力，当事人必须履行劳动合同规定的义务。"《劳动合同法》第二十九条规定，"用人单位与劳动者应当按照劳动合同的约定，全面履行各自的义务。"

6.3.5.2 劳动合同的变更

劳动合同的变更是指劳动合同双方当事人就已经订立的合同条款进行修改

或补充协议的法律行为。一般来讲，劳动合同签订以后，双方当事人应该遵守合同，不能轻易更改，但由于现实中面临的主客观情况的多变性，原来拟订的合同继续履行有一定困难，则允许依法变更劳动合同。

6.3.5.3 劳动合同的终止

劳动合同的终止是指劳动合同的法律效力依法消除，即劳动关系由于一定法律事实的出现而终结，劳动者与用人单位之间原有的权利义务不再存在。《劳动法》第二十三条规定，"劳动合同期满或者当事人约定的劳动合同终止条件出现，劳动合同即行终止。"《劳动合同法》第四十四条规定，"有下列情形之一的，劳动合同终止：（一）劳动合同期满的；（二）劳动者开始依法享受基本养老保险待遇的；（三）劳动者死亡，或者被人民法院宣告死亡或者宣告失踪的；（四）用人单位被依法宣告破产的；（五）用人单位被吊销营业执照、责令关闭、撤销或者用人单位决定提前解散的；（六）法律、行政法规规定的其他情形。"

6.3.6 劳动合同的解除

劳动合同的解除是指劳动合同订立后尚未全部履行之前，由某种原因导致劳动合同一方或双方当事人提前消除劳动关系的法律行为。《劳动法》从第二十四条到第三十二条，《劳动合同法》从第三十六条到第四十二条，对解除劳动合同的条件、程序和法律后果等做了详细的规定。

劳动合同的解除可分为双方解除和单方解除。双方解除即协商解除或协议解除，是指劳动合同当事人通过协商达成协议解除劳动合同，法律不加以限制。单方解除即劳动合同当事人一方通过行使解除权而解除劳动合同，不以对方当事人是否同意为转移。单方解除不当有可能破坏劳动合同的效力和尊严，损害对方的合法权益。

6.3.6.1 双方解除

《劳动法》第二十四条和《劳动合同法》第三十六条都规定，经劳动合同当事人协商一致，可以解除劳动合同。劳动合同是双方当事人在自愿的基础上订立的，当然也允许自愿协商解除。只要一方提出解除的要求，另一方表示同意即可。

一般来讲，经双方协商解除劳动合同的，双方当事人之间便不会发生劳动争议。但用人单位应注意按法律、法规的规定，给劳动者办理劳动合同的解除手续和社会保险的手续。在用人单位向劳动者提出解除合同并与劳动者协商，致解除合同的情况下，用人单位应当按照国家有关规定给予劳动者一定的经济补偿。

6.3.6.2 单方解除

根据《劳动法》和《劳动合同法》的规定，劳动合同的单方解除又可分为用人单位单方解除和劳动者单方解除。

(1) 用人单位单方解除。

①即时解除。

即时解除是指用人单位可以不必依法提前告知或者额外支付一个月工资而立即解除合同的行为。根据《劳动合同法》第三十九条规定，"劳动者有下列情形之一的，用人单位可以解除劳动合同：（一）在试用期间被证明不符合录用条件的；（二）严重违反用人单位的规章制度的；（三）严重失职，营私舞弊，给用人单位造成重大损害的；（四）劳动者同时与其他用人单位建立劳动关系，对完成本单位的工作任务造成严重影响，或者经用人单位提出，拒不改正的；（五）因本法第二十六条第一款第一项规定的情形致使劳动合同无效的；（六）被依法追究刑事责任的。"以上情况用人单位可以提出解除劳动合同，无须以任何形式提前告知，也无须支付补偿金。

②预告或支付补偿金解除。

预告或支付补偿金解除是在劳动者无过错，但因主客观情况变化而导致合同无法履行的情形。《劳动合同法》第四十条规定，"有下列情形之一的，用人单位提前三十日以书面形式通知劳动者本人或者额外支付劳动者一个月工资后，可以解除劳动合同：（一）劳动者患病或者非因工负伤，在规定的医疗期满后不能从事原工作，也不能从事由用人单位另行安排的工作的；（二）劳动者不能胜任工作，经过培训或者调整工作岗位，仍不能胜任工作的；（三）劳动合同订立时所依据的客观情况发生重大变化，致使劳动合同无法行，经用人单位与劳动者协商，未能就变更劳动合同内容达成协议的。"与《劳动法》对预告解除的规定相比，《劳动合同法》增加了"或者额外支付劳动者一个月工资后，可以解除合同"，即用人单位可以选择"提前三十日以书面形式通知"或者"额外支付劳动者一个月工资"作为解除合同的前提。

③经济性裁员。

经济性裁员是指用人单位在濒临破产进行法定整顿期间或生产经营状况发

生严重困难情况下,为改善生产经营状况而裁减人员的制度。经济性裁员解除劳动合同的情形如下:

依照企业破产法规定进行重整。因企业经营管理不善等导致不能清偿到期债务,根据《中华人民共和国企业破产法》的规定,债务人或者债权人可以向人民法院申请对债务人进行重整。在重整期间,企业为了改善经营状况、恢复偿债能力等,可能需要通过裁减人员来减少成本支出,调整人员结构。

生产经营发生严重困难。用人单位的生产经营难以为继,出现严重亏损、资金链断裂、市场份额大幅萎缩等情况,达到当地政府规定的严重困难企业标准,确需通过裁减人员来缓解经济压力,维持企业的生存和发展。

企业转产、重大技术革新或者经营方式调整。企业转产是指改变主要经营的业务方向;重大技术革新可能使同样的工作只需更少的劳动者即可完成;经营方式调整也可能导致企业的岗位需求发生变化。在这些情况下,企业经变更劳动合同后,仍无法合理安排部分员工的工作,需要裁减人员。

其他因劳动合同订立时所依据的客观经济情况发生重大变化,致使劳动合同无法履行。比如,国家产业政策重大调整、原材料价格大幅上涨、市场需求发生根本性变化等,导致企业与劳动者订立劳动合同时所依据的客观经济情况发生了重大改变,使得原劳动合同无法继续履行,用人单位可以进行经济性裁员。

④对预告或支付补偿金解除和经济性裁员的限制为保护劳动者的合法权益,正确处理劳动关系,劳动法和劳动合同法规定了不得解除劳动合同的情形。

《劳动法》第二十九条规定:"劳动者有下列情形之一的,用人单位不得依据本法第二十六条、第二十七条的规定解除劳动合同:(一)患职业病或者因工负伤并被确认丧失或者部分丧失劳动能力的;(二)患病或者负伤,在规定的医疗期内的;(三)女职工在孕期、产期、哺乳期内的;(四)法律、行政法规规定的其他情形。"

《劳动合同法》第四十二条在以上情形的基础上增加了两条:从事接触职业病危害作业的劳动者未进行离岗前职业健康检查,或者疑似职业病病人在诊断或者医学观察期间的;在本单位连续工作满十五年,且距法定退休年龄不足五年的。

需要注意的是,发生以上情形用人单位不能解除合同只是对预告或支付补偿金解除和经济性裁员的限制,在即时解除的情形下,以上情形不能对抗用人单位的即时解除权。在本单位连续工作满十五年,且距法定退休年龄不足五年的，这两个条件要同时满足才能对抗用人单位的预告解除或经济性裁员。

⑤工会职权。

《劳动法》第三十条、《劳动合同法》第四十三条规定了工会对于用人单位解除合同的介入权：用人单位单方解除劳动合同，应当事先将理由通知工会；工会认为不适当的，有权提出意见；如果用人单位违反法律法规或者劳动合同，工会有权要求重新处理；用人单位应当研究工会的意见，并将处理结果书面通知工会；劳动者申请仲裁或者提起诉讼的，工会应当依法给予支持和帮助。

(2) 劳动者单方解除。

①即时辞职。

《劳动法》第三十二条规定，"有下列情形之一的，劳动者可以随时通知用人单位解除劳动合同：（一）在试用期内的；（二）用人单位以暴力、威胁或者非法限制人身自由的手段强迫劳动的；（三）用人单位未按照劳动合同约定支付劳动报酬或者提供劳动条件的。"《劳动合同法》第三十八条规定，"用人单位有下列情形之一的，劳动者可以解除劳动合同：（一）未按照劳动合同约定提供劳动保护或者劳动条件的；（二）未及时足额支付劳动报酬的；（三）未依法为劳动者缴纳社会保险费的；（四）用人单位的规章制度违反法律、法规的规定，损害劳动者权益的；（五）因本法第二十六条第一款规定的情形致使劳动合同无效的。"

以上是劳动者因正当理由而解除合同的情形，劳动者可以立即解除劳动合同，不需要事先告知用人单位。

②预告辞职。

《劳动法》第三十一条规定，"劳动者解除劳动合同，应当提前三十日以书面形式通知用人单位。"该条充分体现了劳动者的辞职权。《劳动合同法》第三十七条还规定，"劳动者提前三十日以书面形式通知用人单位，可以解除劳动合同。劳动者在试用期内提前三日通知用人单位，可以解除劳动合同。"这一规定保护了劳动者的辞职权，维护了劳动者的自由择业权，有利于劳动力合理流动，优化劳动力资源配置。

6.3.6.3 解除劳动合同的经济补偿

经济补偿金是指解除劳动合同后，用人单位依法一次性给予劳动者经济上的补助费用，使劳动者在短期内得到救济。从本质上看，解除劳动合同的经济补偿制度是为了使劳动者在被解除劳动合同以后，寻找新的工作以前，其生活开支或者继续治疗疾病等有必要的费用保障。因解除劳动合同可能使劳动者处于失业和生活来源、医疗费用无着落的状态，基于《中华人民共和国宪法》《劳动法》对公民生存权和劳动权保护的需要，国家要求用人单位在解除劳动合同时，必须给予劳动者一定的经济补偿，以保障劳动者的合法权益。

《劳动合同法》第二十三条、第四十六条等规定，有下列情形之一的，用人单位应当按照规定向劳动者支付经济补偿金：

（1）对负有保密义务的劳动者，用人单位可以在劳动合同或者保密协议中与劳动者约定竞业限制条款，并约定在解除或者终止劳动合同后，在竞业限制期限内按月给予劳动者经济补偿。

（2）用人单位未按照劳动合同约定提供劳动保护或者劳动条件，劳动者解除合同的。

（3）用人单位未及时足额支付劳动报酬的。

（4）未依法为劳动者缴纳社会保险费的。

（5）用人单位的规章制度违反法律、法规的规定，损害劳动者权益的。

（6）以欺诈、胁迫的手段或者乘人之危，使对方在违背真实意思的情况下订立或者变更劳动合同，致使劳动合同无效的。

（7）用人单位向劳动者提出解除劳动合同并与劳动者协商一致解除劳动合同的。

（8）劳动者患病或者非因工负伤，在规定的医疗期满后不能从事原工作，也不能从事由用人单位另行安排的工作，用人单位解除劳动合同的。

（9）劳动者不能胜任工作，经过培训或者调整工作岗位，仍不能胜任工作，用人单位解除劳动合同的。

（10）劳动合同订立时所依据的客观情况发生重大变化，致使劳动合同无法履行，经用人单位与劳动者协商，未能就变更劳动合同内容达成协议，用人单位解除劳动合同的。

（11）用人单位依照企业破产法规定进行重整而解除劳动合同。

（12）除用人单位维持或者提高劳动合同约定条件续订劳动合同，劳动者不同意续订的情形外，劳动合同期满的，劳动合同终止的。

（13）用人单位被依法宣告破产导致劳动合同终止的。

（14）用人单位被吊销营业执照、责令关闭、撤销或者用人单位决定提前解散导致劳动合同终止的。

（15）法律、行政法规规定的其他情形。

《劳动合同法》第四十七条还进一步规定，"经济补偿按劳动者在本单位工作的年限，每满一年支付一个月工资的标准向劳动者支付。六个月以上不满一年的，按一年计算；不满六个月的，向劳动者支付半个月工资的经济补偿。劳动者月工资高于用人单位所在直辖市、设区的市级人民政府公布的本地区上年度职工月平均工资三倍的，向其支付经济补偿的标准按职工月平均工资三倍的数额支付，向其支付经济补偿的年限最高不超过十二年。本条所称月工资是指劳动者在劳动合同解除或者终止前十二个月的平均工资。"

6.3.7 违反劳动合同的法律责任

违反劳动合同的法律责任，是指一方当事人违反劳动合同给对方当事人造成损失时，应承担法律后果。承担违约责任的方式主要有支付违约金、赔偿损失或采取其他补救措施。

6.3.7.1 用人单位违反劳动合同的法律责任

（1）用人单位直接涉及劳动者切身利益的规章制度，违反法律、法规规定的，由劳动行政部门责令改正，给予警告；给劳动者造成损害的，应当承担赔偿责任。

（2）用人单位提供的劳动合同文本未载明《劳动合同法》规定的劳动合同必备条款或者用人单位未将劳动合同文本交付劳动者的，由劳动行政部门责令改正；给劳动者造成损害的，应当承担赔偿责任。

（3）用人单位自用工之日起超过一个月不满一年未与劳动者订立书面劳动合同的，应当向劳动者每月支付两倍的工资。用人单位违反《劳动合同法》规定不与劳动者订立无固定期限劳动合同的，应自当订立无固定期限劳动合同之日起向劳动者每月支付两倍的工资。

（4）用人单位违反《劳动合同法》规定与劳动者约定试用期的，由劳动行政部门责令改正；违法约定的试用期已经履行的，由用人单位以劳动者试用期满月工资为标准，按已经履行的超过法定试用期的期间向劳动者支付赔偿金。

（5）用人单位违反《劳动合同法》规定，扣押劳动者居民身份证等证件的，由劳动行政部门责令限期退还劳动者本人，并依照有关法律规定给予处罚。用人单位违反《劳动合同法》规定，以担保或者其他名义向劳动者收取财物的，由劳动行政部门责令限期退还劳动者本人，并以每人五百元以上二千元以下的标准处以罚款；给劳动者造成损害的，应当承担赔偿责任。劳动者依法解除或者终止劳动合同，用人单位扣押劳动者档案或者其他物品的，由劳动行政部门责令限期退还劳动者本人，并以每人五百元以上二千元以下的标准处以罚款；给劳动者造成损害的，应当承担赔偿责任。

（6）用人单位有下列情形之一的，由劳动行政部门责令限期支付劳动报酬、加班费或者经济补偿；劳动报酬低于当地最低工资标准的，应当支付其差额部分；逾期不支付的，责令用人单位按应付金额百分之五十以上百分之一百以下的标准向劳动者加付赔偿金：①未按照劳动合同的约定或者国家规定及时足额支付劳动者劳动报酬的；②低于当地最低工资标准支付劳动者工资的；③安排加班不支付加班费的；④解除或者终止劳动合同，未依照《劳动合同法》规定向劳动者支付经济补偿的。

（7）劳动合同依照《劳动合同法》第二十六条规定被确认无效，给对方造成损害的，有过错的一方应当承担赔偿责任。

（8）用人单位违反《劳动合同法》规定解除或者终止劳动合同的，应当依照《劳动合同法》第四十七条规定的经济补偿标准的两倍向劳动者支付赔偿金。

（9）用人单位有下列情形之一的，依法给予行政处罚；构成犯罪的，依法追究刑事责任；给劳动者造成损害的，应当承担赔偿责任：①以暴力、威胁或者非法限制人身自由的手段强迫劳动的；②违章指挥或者强令冒险作业危及劳动者人身安全的；③侮辱、体罚、殴打、非法搜查或者拘禁劳动者的；④劳动条件恶劣、环境污染严重，给劳动者身心健康造成严重损害的。

（10）用人单位违反《劳动合同法》规定未向劳动者出具解除或者终止劳动合同的书面证明，由劳动行政部门责令改正；给劳动者造成损害的，应当承担赔偿责任。

（11）用人单位招用与其他用人单位尚未解除或者终止劳动合同的劳动者给其他用人单位造成损失的，应当承担连带赔偿责任。

（12）劳务派遣单位违反《劳动合同法》规定的，由劳动行政部门和其他有关主管部门责令改正；逾期不改正的，以每人五千元以上一万元以下的标准处以罚款，并吊销营业执照；给被派遣劳动者造成损害的，劳务派遣单位与用工单位承担连带赔偿责任。

（13）对不具备合法经营资格的用人单位的违法犯罪行为，依法追究法律责任；劳动者已经付出劳动的，该单位或者其出资人应当依照《劳动合同法》有关规定向劳动者支付劳动报酬、经济补偿、赔偿金；给劳动者造成损害的，应当承担赔偿责任。

（14）个人承包经营违反《劳动合同法》规定招用劳动者，给劳动者造成损害的,发包的组织与个人承包经营者承担连带赔偿责任。

6.3.7.2 劳动者违反劳动合同规定的赔偿责任

《劳动合同法》规定,劳动者违反劳动合同的赔偿责任主要有以下几种形式:

(1) 用人单位为劳动者提供专项培训费用,对其进行专业技术培训的,可以与该劳动者订立协议,约定服务期。劳动者违反服务期约定的,应当按照约定向用人单位支付违约金。违约金的数额不得超过用人单位提供的培训费用。用人单位要求劳动者支付的违约金不得超过服务期尚未履行部分所应分摊的培训费用。

(2) 对负有保密义务的劳动者,用人单位可以在劳动合同或者保密协议中与劳动者约定竞业限制条款,并约定在解除或者终止劳动合同后,在竞业限制期限内按月给予劳动者经济补偿。劳动者违反竞业限制约定的,应当按照约定向用人单位支付违约金。

(3) 劳动者违反《劳动合同法》规定解除劳动合同,或者违反劳动合同中约定的保密义务或者竞业限制,给用人单位造成损失的,应当承担赔偿责任。

6.3.7.3 第三人违反劳动合同的法律责任

劳动行政部门和其他有关主管部门及其工作人员玩忽职守、不履行法定职责,或者违法行使职权,给劳动者或者用人单位造成损害的,应当承担赔偿责任;对直接负责的主管人员和其他直接责任人员,依法给予行政处分;构成犯罪的,依法追究刑事责任。

6.4 劳动争议与处理

6.4.1 劳动争议概述

6.4.1.1 劳动争议概念

劳动争议又称劳动纠纷、劳资争议或劳资纠纷。一般而言,广义的劳动争议指用人单位和劳动者劳动关系所发生的一切纠纷,狭义的劳动争议指用人单位与劳动者因实现劳动权利或履行劳动义务发生分歧而引起的争议。劳动争议主体是争议的双方当事者,即劳动法律关系中权利的享有者和义务的承担者,争议客体则指争议主体的权利、义务所指向的对象。

6.4.1.2 劳动争议特征

(1) 劳动争议主体的特定性。

劳动争议主体是彼此存在劳动关系的用人单位和劳动者。用人单位一方若是具有法人资格的企业,应是其法定代表人;若是不具备法人资格的企业(如一些私营企业、集体企业、个体工商户等),应是其主要负责人。另一方是依照国家和地方法律、法规与企业确立劳动关系的劳动者,包括企业的管理人员专业技术人员和工人以及外籍工等个体人员。

(2) 劳动争议范围的限定性。

劳动争议的范围限定在法律规定的范围内。法律规定范围之外的争议,一般很难被受理。

(3) 不同的劳动争议适用不同的程序。

劳动争议处理的一般程序包括协商、调解、仲裁和诉讼。我国现行劳动争议处理制度的基本体制是鼓励协商解决纠纷并注重调解,仲裁是劳动争议诉讼的前置程序,诉讼是解决纠纷的最后方式。

(4) 解决劳动争议适用的法律规定不同。

法律诉讼解决劳动争议应由《劳动法》处理,不同于一般民事争议等遵照的法律。

6.4.1.3 劳动争议种类

世界范围的劳动争议一般分为两类:一类是个别争议,指劳动者个人与用人单位之间的争议,这类争议通常是因为适用劳动法规和劳动合同规定的权利、义务而发生的争议,显著特征是对既存权利的争议。另一类争议是因为制定或变更劳动条件而产生的争议。这类争议通常是多数劳动者参加的,是工会与用人单位或其团体之间因集体合同而发生的争议,为集体利益而发生的争议,所以又称为团体争议或利益争议。

我国劳动争议分为个别劳动争议和集体劳动争议。前者是指劳动者一方不足法定集体争议人数的劳动争议;后者是指劳动者一方达到法定的集体争议人数,并通过集体选出的代表提起申诉的劳动争议。

6.4.1.4 劳动争议范围

劳动争议的范围因国家不同而有所区别。《中华人民共和国劳动争议调解仲裁法》第二条规定了我国劳动争议的范围："（一）因确认劳动关系发生的争议；（二）因订立、履行、变更、解除和终止劳动合同发生的争议；（三）因除名、辞退和辞职、离职发生的争议；（四）因工作时间、休息休假、社会保险、福利、培训以及劳动保护发生的争议；（五）因劳动报酬、工伤医疗费、经济补偿或者赔偿金等发生的争议；（六）法律、法规规定的其他劳动争议。"

6.4.1.5 劳动争议处理目的

《中华人民共和国劳动争议调解仲裁法》明确规定了劳动争议处理的目的是：①公正及时解决劳动争议；②保护当事人合法权益；③促进劳动关系和谐稳定。

6.4.1.6 劳动争议处理基本原则

（1）着重调解、及时处理原则。

调解是处理劳动争议的基本手段，贯穿劳动争议处理全过程。企业劳动争议调解委员会处理劳动争议的工作程序全部是进行调解。仲裁委员会和人民法院处理劳动争议，应当先行调解，在裁决和判决前还要为当事人提供一次调解解决争议的机会。

对劳动争议的处理要及时。企业劳动争议调解委员会对案件调解不成，应在规定的期限内及时结案，避免当事人丧失申请仲裁的权利；劳动争议仲裁委员会对案件先行调解不成，应及时裁决；人民法院再调解不成，应及时判决。

（2）尊重事实依法处理原则。

必须正确处理劳动争议，查清事实的目的，同时要严格依法办事，要依实体法，又要依程序法，而且要掌握好依法的顺序，按照"大法优于小法，后法优于先法"的顺序处理。此外还应将原则性与灵活性相结合。

（3）法律面前一律平等原则。

劳动争议当事人双方法律地位平等，具有平等的权利和义务，任何一方当事人不得有超越法律规定的特权，不能偏袒一方而歧视另一方。

6.4.2 劳动争议调解

6.4.2.1 劳动争议调解概念

中国传统文化以和为贵,奉行中庸之道,用调解解决争议或纠纷,有广泛的群众基础和悠久的历史。时至当今,调解仍是符合我国国情、民情,群众喜闻乐见、易于接受的一种解决争议的方式,广泛应用于消除争议、化解矛盾的各个方面。

劳动争议调解是指在劳动争议调解机构的主持下,在查明事实、明辨是非、分清责任的基础上,依照法律、法规、政策和道德规范,通过平等协商,劝导争议双方当事人互谅互让,达成协议,从而解决矛盾的一种方式。

我国劳动争议调解制度里,广义的劳动争议调解包括用人单位劳动争议调解委员会的调解、劳动仲裁委员会的调解和人民法院的调解。狭义的劳动争议调解则仅指企业劳动争议调解委员会的调解。这里所讲的劳动争议调解指的是狭义的概念。

6.4.2.2 劳动争议调解特征

(1) 调解主体特定性。

劳动争议调解机构不是国家机构,而是设在企业中的劳动争议调解委员会,它是处理劳动争议的法定机构。

(2) 调解方式灵活性。

企业劳动争议调解委员会的调解,基本不受固定程序和形式的约束,以解决纠纷、稳定劳动关系为目的,调解方式灵活。

(3) 调解结果非强制性。

企业劳动争议调解委员会没有对劳动争议的强制处理权。经调解达成的协议没有法律强制力的保证,不具有强制执行的效力。

6.4.2.3 劳动争议调解组织

根据《中华人民共和国劳动争议调解仲裁法》等相关法律法规,劳动争议调解组织主要有以下几类:

(1) 企业劳动争议调解委员会。

在企业内部设立的基层劳动争议调解组织,由职工代表和企业代表组成,职工代表由工会成员担任或者由全体职工推举产生，企业代表由企业负责人指定，调解委员会主任由工会成员或者双方推举的人员担任。调解委员会主要负责调解企业内行政和职工之间因履行劳动合同、工作调动、劳动报酬、保险福利等方面发生的争议。

(2) 依法设立的基层人民调解组织。

如在居民委员会、村民委员会设立的人民调解委员会等，这些组织具有广泛的群众基础和社会公信力，调解员通常由公道正派、联系群众、热心调解工作，并具有一定法律知识、政策水平和文化水平的成年公民担任。可调解各类民间纠纷，其中包括劳动争议，能够运用情、理、法相结合的方式，在当事人之间进行调解，促成双方达成和解协议。

(3) 乡镇、街道设立的具有劳动争议调解职能的组织。

如乡镇、街道劳动争议调解中心等，它们依托基层政府的资源和平台，熟悉当地的劳动用工情况和企业特点，能有效整合各方力量，为劳动争议当事人提供便捷、高效的调解服务，及时化解劳动纠纷，维护当地的劳动关系和谐与社会稳定。

6.4.2.4 劳动争议调解程序

(1) 申请与受理。

提出申请：劳动争议发生后，当事人可自知道或者应当知道其权利被侵害之日起 30 日内，以口头或书面形式向劳动争议调解组织提出调解申请，填写《劳动争议调解申请书》，需明确申请人与争议有直接利害关系、有明确相对人、有具体调解请求和事实理由。

审查受理：调解组织接到申请后，应在 4 个工作日内审查，决定是否受理。

(2) 调查核实。

调解组织对决定受理的案件，会及时指派调解员对争议事项进行全面调查核实，调查应做笔录，并由调查人签名或盖章。需查清案件基本事实，如双方发生争议的原因、经过、焦点及有关的人和情况。同时，掌握与争议问题有关的劳动法律法规和劳动合同的约定，分清双方当事人应承担的责任，拟定调解方案和调解意见。

(3) 开展调解。

调解准备：调解员需弄清争议基本事实、了解相关法律法规和劳动合同规定，对调查材料进行综合分析研究，拟定调解方案和意见，召开调解员会议，统一认识,指定成员与当事人谈话,宣传法律法规,为调解奠定思想基础。

调解会议:较复杂案件由调解委员会主任主持,发生争议的职工一方在三人以上且有共同申诉理由的,应推举代表参加;简单争议可由一至二名调解委员进行调解。会议通常先由记录员报告到会人员情况,主持人宣布会议开始、申请调解的争议事项、会议纪律和当事人应持态度,然后听取双方陈述意见,进一步核准事实,再由调查人员公布核实情况和调解意见,征求双方意见,最后依据事实、法律和劳动合同约定促使双方协商达成协议,无论是否达成协议,都要记录在案,当事人核对后签字。

(4)调解终止。

自行协调:在调解过程中,当事人双方可自行协商达成协议,调解即行结束。

撤回申请:当事人撤回调解申请,调解委员会应当准许,并终结调解。

拒绝调解:当事人有权拒绝调解,调解委员会应尊重当事人权利,终止调解。

达成调解协议:经调解达成协议的,制作调解协议书,写明双方当事人信息、争议事项、调解结果等,由调解委员会主任及双方当事人签名或盖章,并加盖调解委员会印章,调解协议书一式三份,双方当事人和调解委员会各执一份,各方应自觉履行。

调解不成:自劳动争议调解组织收到调解申请之日起15日内未达成调解协议的,视为调解不成,应做记录并在调解意见书上说明情况,由调解委员会主任签名、盖章,并加盖调解委员会印章,及时送达当事人,告知其在规定期限内向当地劳动争议仲裁委员会申请仲裁。

6.4.3 劳动争议仲裁

6.4.3.1 劳动争议仲裁概念

在我国,劳动争议仲裁作为处理劳动争议的中间环节,也是劳动争议诉讼前的必经程序,是处理劳动争议的一种主要方式,在实践中发挥着非常重要的作用。仲裁的字面意思就是居中裁决,其基本含义就是指发生纠纷的双方自愿把争议交给一个公正的第三方来处理,并让其对双方的争议做出评断。劳动争议仲裁是指劳动争议当事人自愿向负责专门处理劳动争议的法定机构提出申请,由其在查明事实、明确是非、分清责任的基础上做出对双方当事人都具有约束力的判断和裁决的活动。劳动争议仲裁程序与司法程序相比，较为简便及时，具有较强的专业性。

6.4.3.2 劳动争议仲裁原则

劳动争议仲裁原则是指在劳动争议仲裁活动中，仲裁机关、仲裁参加人、仲裁参与人都必须遵守的贯穿劳动争议仲裁过程始终的行为准则。《企业劳动争议处理条例》第四条规定，"处理劳动争议，应当遵循下列原则：（一）着重调解，及时处理；（二）在查清事实的基础上，依法处理；（三）当事人在适用法律上一律平等。"

这些原则是劳动争议处理制度的基本原则，在劳动争议调解、劳动争议仲裁和劳动争议诉讼中均适用。

6.4.3.3 劳动争议仲裁程序

劳动争议仲裁程序是指依据劳动争议仲裁法律所规定的，劳动争议仲裁组织及劳动争议仲裁参加人、参与人为解决劳动争议案件而进行的活动方式、次序和步骤。国家劳动争议处理的立法对处理劳动争议案件的活动过程、方式和手续按次序分阶段加以规定。劳动争议仲裁必须按照法定的程序进行，根据《企业劳动争议处理条例》的规定以及劳动争议仲裁实践，劳动争议仲裁程序主要包括申诉与受理、仲裁准备、案件审理、裁决执行四个阶段。

6.4.4 劳动争议诉讼

6.4.4.1 劳动争议诉讼概念

劳动争议诉讼是指在劳动争议当事人不服劳动争议仲裁委员会裁决的情况下，在规定期限内，依法向人民法院起诉，人民法院在劳动争议当事人和其他诉讼参与人参加下，依照民事诉讼程序，审理和解决劳动争议案件的活动，以及由这些活动所发生的社会关系。

劳动争议诉讼是处理劳动争议的最终程序。它通过司法程序来保证劳动争议的最终解决，从根本上将劳动争议处理纳入法制轨道，有利于保障当事人的诉讼权，有利于监督仲裁委员会的裁决，还有利于调解协议、仲裁裁决和法院判决的执行。

6.4.4.2 劳动争议诉讼特点

(1) 劳动争议诉讼制度是在国家审判机关主持下进行的。审判权由法院独立行使。

(2) 劳动争议诉讼依靠国家的强制力来作为劳动争议的后盾。无论在诉讼过程，还是执行过程，均得到国家强制力的支持。

(3) 劳动争议诉讼的当事人是特定的。当事人之间原则上必须存在劳动关系，即一方是用人单位，另一方是劳动者，同时诉讼前已经过劳动争议仲裁。

(4) 劳动争议诉讼是依照民事诉讼程序进行的。在具体实务中，是由人民法院的民事审判庭受理劳动争议案件，并适用民事诉讼程序审理劳动争议案件。

6.4.4.3 劳动争议诉讼制度基本原则

劳动争议诉讼制度的基本原则是指在劳动争议诉讼过程中起指导性作用的基本规则，也是人民法院、劳动争议当事人和其他诉讼参与人进行劳动争议诉讼活动必须遵守的准则。

6.4.4.4 劳动争议诉讼主要环节

(1) 起诉和受理。

起诉是指劳动争议诉讼当事人不服劳动争议仲裁机构的裁决，以自己的名义请求人民法院给予司法保护的诉讼行为。它是劳动争议当事人的一项重要的诉讼权利。受理即人民法院受理起诉。这一阶段的中心任务是审查起诉是否符合条件。如果决定受理，诉讼便由此开始。

(2) 案件审理前的准备。

人民法院在受理案件之后至开庭审理之前，要为案件的正式审理做各方面的准备，包括调查收集证据，准备有关材料。这一环节是案件正式审理的基础。

(3) 开庭审理。

开庭审理，是指人民法院在劳动争议当事人及其他诉讼参与人的参加下依照法定的形式和程序对劳动争议案件进行全面审查，并做出裁判的诉讼活动。这是全部诉讼的核心环节，是诉讼活动的集中体现和典型形态。

(4) 裁判。

人民法院在审理劳动争议案件的过程中，依据所选择的适用法律，对争议的案件事实做出实体判决和程序上的裁定。

（5）上诉。

上诉是指劳动争议当事人在不服第一审人民法院做出的尚未生效的判决裁定而向上一级人民法院上诉，上一级人民法院对案件进行审判的过程。通过上诉上级人民法院对一审法院的裁判进行审查，以保证案件最终处理的正确性。

（6）强制执行。

强制执行的主要任务是对当事人不履行法院判决或其生效法律文书所确定的义务，而通过法定手段和程序强制义务人履行。

除了上述六个环节，对于已经发生法律效力的裁判，若发现确有错误，还可按审判监督程序进行再审。这一环节是一种补充，不属于劳动争议诉讼的必备环节。

以上六个环节构成了诉讼环节的整体。但并不是说每一个劳动争议诉讼案件都要经历这所有的环节。有些争议案件在一审终结后，不再上诉；有些案件在当事人在起诉后、法院开庭审理前便撤诉，案件则不必再经历下一环节。

【思考与讨论】

请扫描二维码完成习题

大数据人力资源管理案例运用与虚拟仿真

请扫描下列二维码完成习题